Privileged Access
Moments privilégiés

with/avec Trudeau, Turner & Chrétien

Photographs by / Photographies de JEAN-MARC CARISSE
Text by / Texte de MARK S. BELL

Warwick Publishing
Toronto Chicago
www.warwickgp.com

Page 1: Visitors are met by this imposing image of federalism. Opponents, symbolically had to encounter its defender on the steps of 24 Sussex. This gun-slinger look and this eagle-eyed surveillance of the political landscape convey a sense of Prime Minister Trudeau's commitment to Canadian unity. 1982

Page 2: Occasionally, certain locations offer creative photo opportunities that identify government officials, but embellish the event with various lighting and composition adjustments. Here, Prime Minister Chrétien and President Clinton meet for lunch at the Ritz Canal Restaurant, while the two first ladies skate on the Rideau Canal. February, 1995.

Page 3: Jacques Guilbault extends his support at the Leadership Convention as strategist Bill Lee looks on. June, 1984.

Page 4: At a fundraising luncheon in Montreal the new party leader contender again demonstrated the "street fighter" style that Canadians had known for almost three decades. April, 1991.

Page 5: This caucus retreat, with its cardigan appeal, held in Montebello, Québec, created opportunities, outside the glare of the media spotlight, to shape opposition strategy. Canadians would eventually witness these strategies in the House of Commons. January, 1985.

Page 6: Politics could be described as the skill of keeping your head above water. Harrington Lake. (Lac Mousseau) 1983.

Page 7: Don Jamieson kept Trudeau, Turner and Chrétien in stitches during his remarks on the occasion of former Cabinet Minister Jack Pickersgill's 80th birthday, celebrated at the Chateau Laurier. The occasion would prompt one Prime Minister to state that, "there were good times, too." June, 1985.

Les visiteurs sont impressionnés par cette image imposante du fédéralisme. Symboliquement, l'opposition doit rencontrer ses adversaires sur les marches du 24 Sussex. Ce regard massacreur et cette surveillance d'épervier du paysage politique véhiculent une certaine perception de l'engagement du premier ministre Trudeau pour l'unité canadienne. 1982.

Parfois des emplacements permettent des opportunités de photographies créatrices qui non seulement identifient des officiels du gouvernement, mais également rehaussent l'événement grâce à des modifications d'éclairage et de composition. Ici, le premier ministre Chrétien et le président Clinton déjeunent ensemble au restaurant Ritz Canal, pendant que les deux premières dames patinent sur le Canal Rideau. Février, 1995.

Le député Jacques Guilbault renouvelle son soutien au congrès d'investiture alors que le stratège Bill Lee observe. Juin, 1984.

À un déjeuner organisé pour collecter des fonds à Montréal, le nouveau candidat du parti montre à nouveau son style de « lutteur de rue » que les Canadiens connaissent depuis presque trois décennies. Avril, 1991.

Cette retraite du comité électoral avec son « charme cardigan », qui se tient à Montebello, Québec, a généré des opportunités loin des flashes des médias, qui ont permis de façonner une stratégie d'opposition. Les Canadiens ont finalement pris connaissance de ces stratégies dans la Chambre des communes. Janvier, 1985.

L'art de la politique pourrait se décrire comme l'art de garder la tête hors de l'eau. Lac Mousseau (lac Harrington). 1983.

Trudeau, Turner et Chrétien éclatent de rire alors que Don Jamieson raconte quelques anecdotes à l'occasion du 80e anniversaire de l'ancien ministre de cabinet Jack Pickersgill, célébré au Château Laurier. L'un des premiers ministres prendra cette occasion pour dire qu'« il y a eu aussi des bons moments ». Juin 1985.

© 2000 Jean-Marc Carisse, Mark S. Bell

This book contains photographs/prints (147) of Her Majesty the Queen in Right of Canada.
Photographer: Jean-Marc Carisse

We acknowledge the financial support of the Government of Canada through the Book Publishing Industry Development Program for our publishing activities.

ISBN: 1-894020-66-9

Published by Warwick Publishing Inc. 162 John Street, Toronto, ON M5V 2E5

Design: Kimberley Young
Translation: Fazia Moussouni, Linguatech Translations
Creative consultant: Janusz J. Uiberall, [www.creativehead.com]
Printed and bound in Canada by Friesens

Ce livre contient des photographies/impressions (147) de Sa Majesté la Reine au droit du Canada.
Photographe : Jean-Marc Carisse

Nous remercions le Gouvernement du Canada de son apport financier pour soutenir nos activités de publication, grâce au Programme de développement de l'industrie de publication du livre.

ISBN: 1-894020-66-9

Publié par Warwick Publishing Inc. 162, rue John, Toronto, ON M5V 2E5

Conception : Kimberley Young
Traduction de l'anglais : Fazia Moussouni, Linguatech Translations
Consultant créateur : Janusz J. Uiberall, [www.creativehead.com]
Imprimé et relié au Canada par Friesens

Acknowledgements / Remerciements

I would like to extend my appreciation for the support and encouragement I have received from many colleagues over the years:

To our Prime Ministers Trudeau, Turner and Chrétien for their passion and spirit that made Canadian politics truly fascinating;

National Liberal Caucus: Chairs Jane Stewart, Gib Parent, Joe Fontana, Peter Stollery;

Caucus Liaison: Sylvia Haines;

Liberal Research Bureau: Lise Pelletier, Directors Henri Vandermeulen, David Husband, Chaviva Hosek, Brooke Jeffrey;

Liberal Party of Canada: Al Graham, Norm MacLeod, Iona Campagnolo, Don Johnston, Michel Robert, Dan Hays, Stephen Ledrew, Gordon Ashworth, George Young and Terry Mercer;

Prime Minister's Office and Office of the Leader of the Opposition: Bob Murdock, Alan Lutfy, Ted Johnson, Stuart Langford, Steve Hastings, Michael McAdoo, Bruce Hartley, Jean Pelletier, Jean Carle, Paul Sparkes, Peter Connolly, Peter Donolo, Philippe D. Gigantes;

House of Commons: Gus Cloutier, Gib Parent, Lloyd Francis;

For the fine colour printing: Photo Features (Ray, Joan, Jill and Mark);

Film processing over the years: Gin Photographic, Lux, Proulx Brothers, Big Picture, Photo Features;

Warwick Publishing: Nick Pitt and Kimberley Young;

For the encouragement of a number of former and present MPs and colleagues who witnessed those years;

And especially our families (Bell and Carisse) for their understanding and patience. ❧

J'aimerais exprimer mes remerciements pour le soutien et les encouragements que j'ai reçus de nombre de mes collègues à travers les années :

À nos premiers ministres Trudeau, Turner et Chrétien pour leur passion et leur esprit qui ont donné à la politique canadienne son caractère fascinant ;

Caucus libéral national : les présidents Jane Stewart, Gib Parent, Joe Fontana, Peter Stollery ;

Caucus Liaison : Sylvia Haines ;

Le bureau de recherche du Parti libéral : Lise Pelletier, les dirigeants Henri Vandermeulen, David Husband, Chaviva Hosek, Brooke Jeffrey ;

Le Parti libéral du Canada : Al Graham, Norm MacLeod, Iona Campagnolo, Don Johnston, Michel Robert, Dan Hays, Stephen Ledrew, Gordon Ashworth, George Young et Terry Mercer;

Le cabinet du premier ministre et le cabinet du chef de l'opposition : Bob Murdock, Alan Lutfy, Ted Johnson, Stuart Langford, Steve Hastings, Michael McAdoo, Bruce Hartley, Jean Pelletier, Jean Carle, Paul Sparkes, Peter Connolly, Peter Donolo, Philippe D. Gigantes;

Chambre des communes : Gus Cloutier, Gib Parent, Lloyd Francis;

Pour l'impression de la couleur : Photo Features (Ray, Joan, Jill et Mark);

Traitement des films au cours des années : Ginn Photographic, Lux, Proulx Brothers, Big Picture, Photo Features;

Warwick Publishing : Nick Pitt et Kimberley Young;

Pour les encouragements d'un certain nombre d'anciens députés et de députés en service, et de collègues qui ont partagé ces années.

Et plus spécialement nos familles (Bell et Carisse) pour leur patience et leur compréhension. ❧

Introduction

We personally cannot "be there" on election night as the televised results are viewed from a Shawinigan cottage. We cannot sit by the anxious candidate and his family as time renders its report. But somehow, we are intrigued to be there through the lens of the official photographer's camera. Part of our stake in the country is shared by the inhabitants of that cottage.

The occasions have been in the thousands in this quarter-century retrospective, and the images in the hundreds of thousands. For the countless Canadians with an official photograph in their collection, it is a treasured possession. It could document an election campaign where the prime minister posed at a riding stopover for a candidate, or even that fundraising dinner where the PM's presence alone generated revenue for the cause.

Canadian prime ministerial political photography has never emerged as a distinct field of photojournalism.

Nous ne pouvons « être présents » personnellement à la soirée d'élection alors que l'on consulte les résultats télévisés dans un chalet de Shawinigan. Nous ne pouvons pas partager avec le candidat et sa famille le moment angoissant où le rapport est rendu. Mais pour une raison ou pour une autre, notre curiosité est suscitée à travers l'objectif de l'appareil-photo du photographe officiel. Les habitants de ce chalet partagent ainsi un peu de notre intérêt dans le pays.

Dans cette rétrospective couvrant un quart de siècle, les occasions se sont comptées par milliers et les images par centaines de milliers. Pour d'innombrables canadiens qui en possèdent une dans leur collection, les photographies d'un photographe officiel représentent un bien précieux. Le thème peut être une campagne électorale au cours de laquelle le

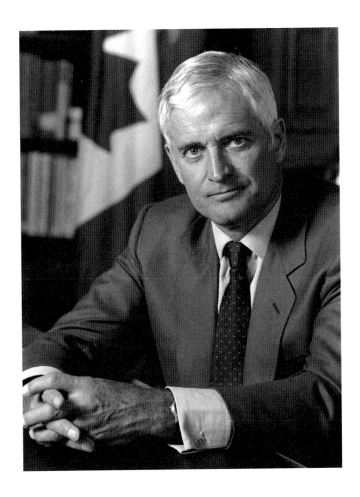 

Over the years, newspapers and news agencies have employed the skills of many talented photographers to depict political events of the day, but a tradition of publishing the collected works of strictly one photographer with special access to the nation's leader is more prevalent in American photojournalistic circles. John F. Kennedy, Lyndon B. Johnson, Gerald Ford and Bill Clinton, among others, have had their years in office and their run for office visually depicted through the published collections of official, and sometimes unofficial, White House photographers. No similar tradition has existed in Canada, but that may change with this release of the unprecedented work contained in this collection.

The Public Archives and the Canadian Museum of Contemporary Photography house the works of Canadian photographers that reflect unique perspectives. While these collections may at times surprise

premier ministre pose, lors d'un arrêt dans un comté, en faveur d'un candidat, ou encore ce dîner de bienfaisance où la seule présence du PM génère des fonds pour la cause.

La photographie politique des premiers ministres canadiens ne s'est jamais vraiment distinguée dans le domaine du photojournalisme. Au cours des années, les journaux et les agences de presse ont eu recours au savoir-faire de nombreux photographes de talent pour illustrer les événements politiques au quotidien. Toutefois, la publication de l'œuvre « spécifique » à un photographe de premier ministre reste l'apanage traditionnel des milieux de photojournalisme américains.

Les candidatures et les années de fonction de John F. Kennedy, Lyndon B. Johnson, Gerald Ford et Bill Clinton entre autres, ont été visuellement illustrées

the viewer with their novelty, their shocking imagery or their abstract technique, prime ministerial photography customarily avoids these qualities.

What makes prime ministerial photography unique? Its familiarity. Its main subjects are anything but foreign. They enter our consciousness through publications as a separate prime ministerial "genre" that connotes a sense of belonging. Whether one supports a particular prime minister or not, the office itself embodies the elected expression of our political self-identity. The images of the PM then, in a way, image us.

The intriguing power of the prime ministerial photograph is its ability to draw the viewer into this aspect of our collective identity. Belonging to a nation, a party, an electoral district, a campaign team, a cause, or any of the above becomes evident in this unique photographic genre. It is relational photography. Seldom is the isolation of the prime minister the dominant image, but rather the prime minister in relation to others, his position among the people. Prime ministerial photography, therefore, contains a significant dose of our collective Canadian DNA. Part of us is invested in the imagery, whether as our mediator with international leaders, or as our voice at the United Nations.

Though an image may depict the prime minister working or walking alone, he is inextricably surrounded by the affairs of state, invariably with security personnel nearby.

This unprecedented collection, featuring Trudeau, Turner and Chrétien, is totally unique and a milestone in Canadian photojournalism. While other photographers have contributed a splendid selection of archival material during their service for an individual prime minister, Jean-Marc Carisse has provided a visual continuity for three prime ministers, including their terms as opposition leaders and their quest for top office. The collection is seamlessly divided into several themes that highlight portraits; meetings with dignitaries and celebrities; family and leisure; day-to-day working images during campaigns, in office and with the media; and moments of tragedy that have an impact on the prime minister.

The Official Photographer is, on occasion, called upon to apply his skills under controlled lighting conditions and with studio props. But the majority of time is dedicated to the few fleeting moments when the PM meets heads of state, guests and members of parliament in var-

dans les recueils officiels, et parfois officieux, de photographes de la Maison Blanche. Il n'existe pas de tradition similaire au Canada. Mais cette tendance prend fin avec le lancement de cette collection.

Les Archives nationales et le Musée canadien de la photographie contemporaine abritent les œuvres de photographes canadiens qui reflètent des perspectives uniques. Si ces recueils peuvent parfois surprendre par leur nouveauté, leurs images choquantes ou leur technique abstraite, la photographie de premier ministre transcende habituellement ces tendances.

Qu'est-ce qui donne à la photographie de premier ministre son caractère unique ? Sa familiarité. Les thèmes principaux ne sont en rien étrangers. Ils interpellent notre conscience collective, à travers des publications de photographies de premier ministre en tant que genre « séparé » qui connote un sens de l'appartenance. Que l'on soutienne tel ou tel premier ministre, le mandat de premier ministre personnalise l'expression électorale de notre auto-identité politique. Les images du PM nous renvoient, d'une certaine façon, notre image.

La puissance intrigante de la photographie de premier ministre rend possible l'implication de l'observateur dans cet aspect de notre identité collective. Appartenir à une nation, un parti, une circonscription électorale, une équipe de campagne électorale, une cause, tous ces facteurs sont mis en évidence dans ce genre photographique unique. Il s'agit ici de photographie relationnelle. La solitude du premier ministre constitue rarement le thème dominant qui reflète, bien au contraire, le premier ministre en relation avec les autres, sa place parmi le peuple.

Bien qu'il soit possible qu'une image représente le premier ministre travaillant ou se promenant seul, il est inextricablement impliqué dans les affaires de l'état, invariablement accompagné du personnel de sécurité lors de ses promenades. Ainsi, la photographie de premier ministre contient une dose significative de notre ADN collectif canadien. Une partie de notre conscience est investie dans ces photographies, que ce soit en agissant en tant que médiateur entre chefs d'instances internationales ou en représentant notre voix aux Nations Unies.

Cette collection, unique en son genre, met en vedette Trudeau, Turner et Chrétien et constitue un

ious locales. These are the moments that require the official photographer to capture the event with relatively little control over the setting. A spontaneous jaunt up the Great Wall of China or an impromptu ride on a skateboard leave only seconds to focus, compose and shoot. Those moments will not come again, nor are they part of the normal "photo op" that officially stamps many world events, such as a G8 Summit Meeting.

Where do the works of the Official Photographer appear? Not only have they graced the covers of many biographies, political memoirs and numerous newsmagazines, but many hang on the walls in embassies throughout the world, in offices of global leaders and in the homes of ordinary Canadians whose lives momentarily intersected with a prime minister, at least long enough for a shutter to shudder and a flash to freeze.

Over the years, Parliament Hill's photojournalistic talent pool has included prime ministerial photographers such as Bob Cooper (during part of the Trudeau years), Peter Bregg, Scott Grant, Andy Clark, Bill McCarthy and Ken Ginn (during the Mulroney years). The latter also served during Kim Campbell's term. Dozens more, including Fred Chartrand, Paul Chiasson and Tom Hanson from Canadian Press, Peter Jones and Jim Young for Reuters, the late Duncan Cameron from Capital Press, Rod McIvor with the *Ottawa Citizen*, and freelancer Michael Pinder, among others, have worked in this high-profile environment.

In many cases, within five minutes, or often less, of being "tipped off," their film emulsions are etched with the light that records Canadian history, either at a press conference, media scrum, ceremonial event, or exclusive interview.

"Get the shot of the prime minister," echoes in the mind of these photojournalists, but which shot gets published is an editorial decision beyond the photographer who is intent on fulfilling his editor's story need for "an embarrassing photograph," "maybe, flattering," "possibly descriptive," usually. Timing, planning, vantage point, selective focus, composition, urgency — all combine to freeze a political moment. The election of a leader, the greeting of a dignitary, the announcement of a new budget — public events, mostly, that are sometimes carefully scripted and at other times quite spontaneous. Every politician knows, as every photojournalist knows, that the lens can peer far into the

jalon important dans le photojournalisme canadien. Bien sûr, d'autres photographes ont constitué une splendide collection de photographies d'archive lors de leur activité au service d'un premier ministre spécifique. Mais Jean-Marc Carisse, lui, a assuré une continuité visuelle avec les mandats de trois premiers ministres, qui comprend leur mandant en tant que chef de l'opposition et leur quête vers la fonction la plus élevée de l'état. La collection présente plusieurs thèmes de manière continue qui traitent de portraits, de réunions avec des dignitaires ou des célébrités, de famille et de loisirs, d'images de travail quotidien durant les campagnes, dans le cabinet et avec les médias, et enfin de moments de tragédie qui ont touché le premier ministre.

Parfois, les services du photographe officiel sont requis pour des séances de photographies dans des conditions d'éclairage contrôlées et avec accessoires de studio. Mais la plupart des occasions concernent ces instants éphémères qui voient le premier ministre rencontrer les chefs d'État, les invités et les députés sur différentes scènes. Ce sont ces moments précis que le photographe officiel se doit de restituer avec relativement peu de contrôle sur l'environnement. Une promenade spontanée le long de la Grande Muraille de Chine ou un tour impromptu en planche à roulettes ne laissent que quelques secondes pour mettre au point, composer et déclencher. Ces moments ne se répèteront jamais puisqu'ils ne font pas partie de la « séance de photos » habituelle qui marque officiellement nombre d'événements mondiaux tels qu'une conférence au sommet du G8.

Où paraissent les œuvres du photographe officiel ? Non seulement honorent-elles les couvertures de maintes biographies, de mémoires politiques et de nombreux magazines d'actualité, mais bon nombre de ces œuvres sont exposées sur les murs dans d'innombrables ambassades à travers le monde, dans les cabinets de chefs d'instances internationales et dans les foyers de canadiens moyens dont la destinée a furtivement croisé celle d'un premier ministre, le temps qu'un obturateur bruisse ou qu'un flash se déclenche.

Au cours des années, le talentueux groupe de photographes rattachés à la Colline du Parlement, a révélé des photographes de premiers ministres tels que Bob Cooper (pour une partie des années Trudeau), Peter

public life of elected members. But the official PMO photographer does not operate under the same rules as other photojournalists do.

While competition is strong among the many "Hill" photographers, the prime minister's official photographer does not have that customary competition. His privileged access allows him to record a visual history that is often unavailable to the press photographer. Some doors are closed, some photo ops exclusive.

In this unique photojournalistic mandate, discretion outweighs doggedness, immediate availability overrides a forty-hour work week. The resulting body of work is not so much the unveiling of a "day-in-the-life" of a prime minister, i.e., his timetable, guest list and speaking engagements, as much as it is a Canadian political chronicle of over two decades.

Another condition that makes the role of the prime minister's official photographer unique is that while some news photographers risk their lives during war coverage, for example, sending back images of tragedy and trauma, prime ministerial photography is one step removed. In times of crisis, it does not aim to document a disaster, but rather to record the healing consolation of a nation's leader on behalf of the nation, whether to a Canadian soldier, flood victim, avalanche survivor, or a grieving spouse. The knowledge that the leader of one's country can extend the official condolence of the nation to a suffering family member in the midst of a tragedy is itself healing.

Photographs from events like these document a different response to the troubles and events of an era. Contrary to the glitter of galas is this portrayal of a nation's public pain. The avalanche that killed many left a pair of boots to render silent photographic testimony to a tragic end. Some images capture the pangs of electoral defeat, knowing the stakes are high in politics, and the debts sometimes higher. Other images in this collection memorialize the passing away of national leaders, whether from natural causes or from an assassin's bullet.

Jean-Marc Carisse's degree in visual arts from the University of Ottawa prepared him for the demands of the profession. Being in the centre of political life for a quarter century, amidst the public roar of a leadership victory, or backstage where whispered counsel is given, has fashioned a photographic body of work that successive political eras will build upon. ❧

Bregg, Scott Grant, Andy Clark, Bill McCarthy et Ken Ginn (pendant les années Mulroney). Ce dernier a également exercé durant le mandat de Kim Campbell. Des dizaines d'autres photographes, parmi ceux-ci Fred Chartrand, Paul Chiasson et Tom Hanson de La Presse Canadienne, Peter Jones et Jim Young de Reuters, feu Duncan Cameron de Capital Press, Rod McIvor du *Ottawa Citizen* et le photographe indépendant Michael Pinder , parmi d'autres, ont exercé leurs talents dans cet environnement très sélect.

Dans plusieurs cas, moins de cinq minutes après avoir été « tuyauté », l'émulsion de leurs pellicules se grave de la lumière qui marque l'histoire canadienne, à l'occasion d'une conférence de presse, d'un point de presse, d'une cérémonie ou d'une entrevue exclusive.

« Prendre la photo du premier ministre », voilà ce qui résonne dans l'esprit de ces photojournalistes. Toutefois, le choix de la publication des photos reste une décision éditoriale hors l'opinion du photographe. Sa mission se limite à satisfaire aux besoins des écrits éditoriaux dont le thème pourrait requérir « une photographie embarrassante » ou « flatteuse, peut-être », quoiqu'il en soit toujours à dessein descriptif. Moment opportun, organisation, position privilégiée, mise au point sélective, composition, urgence : tous ces facteurs se combinent pour immortaliser un moment politique, qui procède essentiellement d'événements publics tels que l'élection d'un dirigeant, l'accueil d'un dignitaire, l'annonce d'un nouveau budget, événements parfois minutieusement préparés, et quelquefois très spontanés. De même que chaque photographe l'assume, chaque politicien a conscience que l'objectif détient le pouvoir de jeter un regard profond dans la vie publique des membres élus. Cependant, le photographe officiel du CPM ne se soumet pas aux mêmes règles.

Même si la concurrence est acharnée parmi les nombreux photographes de « la Colline », le photographe officiel du premier ministre ne subit pas cette concurrence habituelle. Le domaine du photographe officiel lui procure un accès privilégié qui lui permet d'édifier une histoire visuelle dont le photographe de presse n'aura jamais la primeur. Quelques portes sont fermées, quelques séances de photos exclusives.

Dans ce mandat photojournalistique, la discrétion

l'emporte sur la ténacité et l'entière disponibilité dépasse la perspective de la semaine de quarante heures. L'ouvrage qui en résulte ne concerne pas tant la révélation « d'une journée dans la vie » d'un premier ministre, par exemple son horaire, sa liste d'invités et ses engagements de discours, qu'une « chronique de la vie politique canadienne » sur plus de deux décennies.

D'autres facteurs favorisent le caractère unique qui démarque le rôle du photographe officiel de premier ministre. Alors que certains photographes de presse mettent leur vie en péril pour couvrir un reportage de guerre, par exemple avec des images de tragédie et de traumatismes, la photographie de premier ministre se distancie de cet aspect. En temps de crise, son but ne consiste pas à documenter une catastrophe, mais à témoigner de la consolation réconfortante apportée aux blessés par le chef d'une nation au nom de celle-ci, que ce soit à un soldat canadien, à une victime d'inondation, au survivant d'une avalanche, ou à un conjoint en deuil. Savoir que le chef de son pays peut exprimer les condoléances officielles de la nation au membre d'une famille victime d'une tragédie, est en soi réconfortant.

Les photographies documentant ce genre d'événements présentent une image différente des difficultés et des événements propres à une époque. Ce portrait de la souffrance d'une nation contraste avec l'éclat des galas. L'avalanche qui a tué nombre d'individus n'aura laissé qu'une paire de bottes en guise de témoignage photographique silencieux de cette fin tragique. Quelques images saisissent l'angoisse d'une défaite électorale, sachant que les enjeux politiques sont considérables, et que les pertes le sont parfois encore plus. D'autres images de cette collection commémorent le décès de chefs nationaux, que ce soit de cause naturelle ou des suites des balles d'un assassin.

Le diplôme en Arts visuels qu'il a obtenu à l'université d'Ottawa a préparé Jean-Marc Carisse aux exigences de la profession. Après avoir côtoyé les milieux de la vie politique pendant un quart de siècle, au milieu des clameurs publiques après une victoire électorale, ou dans les coulisses où se tient une consultation discrète, l'œuvre photographique qui en découle servira de tremplin aux générations politiques à venir. ❧

Photo by/par M. Dionne, 1978.

Photo by/par Arturo Mari, L'Osservatore Romano, 1998

"One could sense that you were in the presence of greatness, in the presence of a major player on a world stage. Contrary to popular opinion, I find him truly down to earth and he always acknowledges my presence, either with a smile or a 'Salut, Jean-Marc.' During our photo sessions a certain boyish charm would surface occasionally."
—*Jean-Marc Carisse*

"On sentait bien que l'on était en présence d'une grandeur, en présence d'un élément majeur sur la scène mondiale. Contrairement à l'opinion populaire, je le trouve très près des réalités. Il remarquait toujours ma présence soit d'un sourire, soit en lançant un « Salut, Jean-Marc ! » Lors de nos séances de photos, de temps á autre, il faisait preuve d'un certain charme de jeunesse."

—*Jean-Marc Carisse*

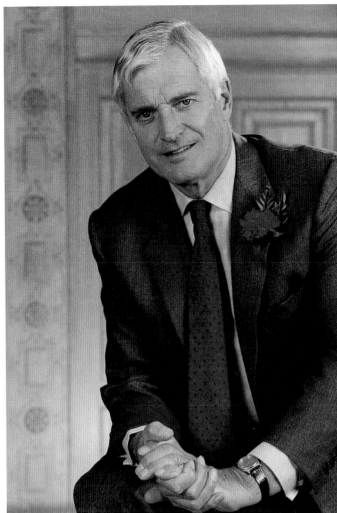

"Turner's classic good looks make it easy to photograph him. He exuded a sense of camaraderie that made my assignments very enjoyable."
—*Jean-Marc Carisse*

"Photographier Turner a été grandement facilité grâce à son style classique. Il inspirait un sens de la camaraderie qui rendait ma tâche très agréable."
—*Jean-Marc Carisse*

"Whether on the international stage or in a Shawinigan coffee shop, I always find him very supportive of the role that the official photographer plays in recording Canadian history. True to his 1990 campaign motto, 'We have a lot of work to do,' portrait sittings with the PM often only last a few moments. I trust that my 'vérité' style with minimal interference on every-day assignments works best considering his hectic schedule."

–Jean-Marc Carisse

"Qu'il se trouve sur la scène internationale ou dans un café à Shawinigan, il a toujours soutenu et encouragé le rôle de témoin du photographe offi-ciel dans l'histoire du Canada. Fidèle à la devise de sa campagne de 1990, « Nous avons beaucoup de travail à faire », les séances de portrait avec le PM ne duraient pas plus de quelques instants. Je crois que mon style « vérité » impliquant un minimum d'intrusions dans les tâches quotidi-ennes est plus avantageux étant donné son programme mouvementé."

–Jean-Marc Carisse

Prime Minister Trudeau's Cabinet with Governor General Ed Shreyer. March, 1980.

Le cabinet du premier ministre Trudeau, avec le gouverneur général Ed Schreyer. Mars, 1980.

Prime Minister Chrétien and his Cabinet with Governor General
Adrienne Clarkson. November, 1999.

Le premier ministre Chrétien et son cabinet avec la gouverneure
générale Adrienne Clarkson. Novembre, 1999.

For the first time, the former-actor-turned-president walked down the Parliamentary Halls with Prime Minister Trudeau and tight-lipped protocol and security officials. A week later, President Reagan survived an assassination attempt. March, 1981.

Pour la première fois, l'ex-acteur devenu président descend les couloirs du Parlement accompagné du premier ministre Trudeau et de la garde de sécurité rapprochée ainsi que des membres officiels du protocole. Une semaine plus tard, le président Reagan échappe à une tentative d'assassinat. Mars, 1981.

During his second official visit to Canada, President Reagan met privately with John Turner and Donald Johnston in the "Petit Salon" of Government House, before facing the press. April, 1987.

Lors de sa deuxième visite officielle au Canada, le président Reagan a une réunion privée avec John Turner et Donald Johnston dans le « petit salon » de la maison du Gouvernement, avant de faire face à la presse. Avril, 1987.

Overleaf: Few Canadians have seen the famous "Red Room" located on the second floor of the White House. The President had required crutches as a result of a recent leg injury. April, 1997.

Au verso : Cette rencontre privée a lieu dans la « salle rouge » qui se trouve au deuxième étage de la Maison Blanche. Le Président a recours à des béquilles suite à une blessure récente à sa jambe. Avril, 1997.

Following a stroll in Weston Park, Birmingham, England, during a G8 Summit Meeting, Prime Minister Chrétien suggested to President Clinton that they climb over the wall when stairs were not nearby. A security member stands below the President, while Prime Minister Chrétien seems to leap over the seven-foot-high wall with gazelle-like ease. 1998.

Left: Location can become a mystery when traditional rules of composition and body posture are altered. Here, Prime Minister Chrétien and President Clinton hold on to the canopy structure during a rough water ride on board the "Teek" ferry returning from Blake Island, near Seattle, during an APEC meeting. November, 1993.

Après une promenade au parc Weston, à Birmingham en Angleterre, lors d'une réunion au sommet du G8, le premier ministre Chrétien suggère au président Clinton qu'ils escaladent le mur, car il n'y a pas d'escalier aux alentours. Un agent de sécurité veille sur le président, pendant que le premier ministre Chrétien semble franchir le mur de deux mètres avec l'aisance d'une gazelle. Mai, 1998.

À gauche : L'emplacement peut devenir imprévisible si les règles traditionnelles de composition et de la position des personnages sont modifiées. Ici, le premier ministre Chrétien et le président Clinton se retiennent à l'auvent pendant un trajet houleux sur le ferry « Teek » au retour de l'île Blake, près de Seattle, à la suite d'une réunion de l'APEC. Novembre, 1993.

Humorous comments, filtered through an interpreter at this APEC Summit Meeting in Seattle and then the cultural references of a foreign country, in this case China, can have unpredictable results — but not in this case. Here, President Jiang Zemin responds with an unrestrained "belly laugh." November, 1993.

Des commentaires amusants, filtrés par un interprète à cette réunion du sommet de l'APEC à Seattle, ensuite interprétés selon les références culturelles du pays étranger, dans ce cas la Chine, peuvent générer des résultats imprévus — mais pas dans ce cas-ci. Ici, le président Jiang Zemin répond avec un grand rire franc. Novembre, 1993.

Left: The PM greeted the Premier of China on the steps of Parliament, 24 years after having toured China for six weeks. January, 1984.

À gauche : Le PM accueille le premier ministre de la Chine, sur les marches du Parlement, 24 ans après avoir visité la Chine pendant six semaines. Janvier, 1984.

John Turner with King Hussein of Jordan during an official visit to Ottawa. October, 1989.

John Turner et le roi Hussein de Jordanie lors d'une visite officielle à Ottawa. Octobre, 1989.

Right: One can sense a lively pace in the stride of the new King Abdullah of Jordan during his first official visit. But it is known that Prime Minister Chrétien also sets an exuberant pace — in this case down the Hall of Honour, and maybe later, a sprint up the stairs to his office. May, 1999.

À droite : On peut observer le pas allègre du nouveau roi Abdullah de Jordanie lors de sa première visite officielle. Toutefois, l'allure exubérante du premier ministre Chrétien est également de notoriété publique — ici le long du Hall d'honneur; peut-être plus tard cela se terminera en une course dans l'escalier qui mène à son bureau. Mai, 1999.

Far left: This photograph could be said to display a measure of "comradery" between two leaders. April, 1998.

À l'extrême gauche : Cette photographie pourrait montrer une sorte de « camaraderie » entre les deux chefs. Avril, 1998.

After the official welcoming ceremony in Havana, Cuba, President Fidel Castro escorts Prime Minister Chrétien in his presidential Soviet-era limousine to Hotel Nacional. April, 1998.

Après l'accueil officiel à La Havane, Cuba, le président Fidel Castro accompagne le premier ministre Chrétien à l'hôtel Nacional dans sa limousine présidentielle datant de l'époque soviétique. Avril, 1998.

The arrival for lunch of PLO leader Yasser Arafat at the Prime Minister's residence takes on a slightly different feel when photographed from inside the foyer. The working luncheon provided an opportunity for Canada to exert its unique international status to help secure a lasting peace in the Middle East. March, 1999.

L'arrivée du chef de l'OLP Yasser Arafat pour déjeuner dans la résidence du premier ministre, prend une tournure légèrement différente sur la photographie prise de l'intérieur. Ce déjeuner de travail donne l'opportunité au Canada d'exercer son statut international unique pour aider à mettre en place une paix durable au Moyen Orient. Mars, 1999.

During a meeting which included the signing of four bilateral agreements, permission was granted for only one photograph to be taken. Fortunately, it captured the relaxed atmosphere of the meeting at 10 Downing Street with Prime Minister Tony Blair (right), Prime Minister Chrétien and High Commissioner Roy MacLaren. May, 1998.

Pendant une réunion au cours de laquelle a eu lieu la signature de quatre accords bilatéraux, une seule photographie est permise. Heureusement, celle-ci reflète fidèlement l'atmosphère détendue de la réunion au 10 rue Downing avec le premier ministre Tony Blair (à droite), le premier ministre Chrétien et le haut-commissaire Roy MacLaren. Mai, 1998.

Though Margaret Thatcher was no longer Britain's prime minister when this photograph was taken in Mexico, she still exudes a stately quality which Prime Minister Chrétien recognized. March, 1994.

Bien que Margaret Thatcher n'est plus premier ministre lorsque cette photo est prise au Mexique, elle possède toujours une présence majestueuse. Mars, 1994.

The wardrobes of politics and theatre seemed to collide during this brief moment backstage where Prime Minister Chrétien and president François Mitterand met cast members of Plamondon's "Starmania," after a performance in Paris. January, 1994.

Les garde-robes des acteurs de la politique et du théâtre semblent se confondre durant un bref moment dans les coulisses où le premier ministre Chrétien et le président François Mitterrand rencontrent les acteurs de « Starmania » de Plamondon lors d'une représentation à Paris. Janvier, 1994.

Overleaf: This private audience with Pope John Paul II and Prime Minister Chrétien captures the role these two men play to achieve their goals each in their own way, one spiritual, the other political. One hundred and sixty-eight countries, including Canada, have a diplomatic representative at the Vatican. June, 1996.

Au verso : Cette rencontre privée entre le Pape Jean Paul II et le premier ministre Chrétien rend compte du rôle de ces deux hommes pour atteindre leurs buts, chacun à sa manière, l'un spirituellement, l'autre politiquement. Cent soixante huit pays, y compris le Canada, ont un représentant diplomatique au Vatican. Juin, 1996.

While the international media waited anxiously outside the front door of the Prime Minister's residence for a joint press meeting with Israel's Yitzhak Rabin, this image was being taken in the sunroom at 24 Sussex of two veteran politicians searching for ways to secure a lasting peace. November, 1993.

Left: Intensive security measures surrounded the arrival of world leaders to the funeral of Israel's Yitzhak Rabin in Jerusalem. Here Prime Minister and Mrs. Chrétien are joined by Sheila Finestone to represent Canada. November, 1995.

Pendant que les médias internationaux attendent impatiemment devant la porte principale de la résidence du premier ministre pour une conférence de presse avec Yitzak Rabin d'Israël, cette photo, prise au solarium, montre les deux politiciens vétérans qui cherchent à assurer une paix durable. Novembre, 1993.

À gauche : Des mesures de sécurité importantes entourent l'arrivée des chefs d'État aux funérailles de Yitzak Rabin à Jérusalem, Israël. Ici, le premier ministre et Mme Chrétien sont accompagnés par Sheila Finestone pour représenter le Canada. Novembre, 1995.

During a brief pause in the proceedings, moments before the conclusion of the G8 Summit Meeting in Lyons, France, Prime Minister Chrétien received a massage from Japan's Prime Minister Hashimoto. June, 1996.

Pendant une courte pause durant les débats, quelques instants avant la conclusion de la réunion du sommet du G8 à Lyon, France, le premier ministre Chrétien reçoit un message du premier ministre Hashimoto du Japon. Juin, 1996.

Following a working session for heads of delegations at the G8 meeting in Cologne, Germany, the PM and President Yeltsin engage in a brief tug-of-war during this photo op. June, 1999.

Après une séance de travail avec les chefs des délégations à une réunion du G8 à Cologne, en Allemagne, le PM et le président Yeltsin s'affrontent dans une brève lutte à la corde durant cette séance photographique. Juin, 1999.

The composition of this photograph highlights the symbolic barriers that national leaders must overcome to accommodate each other's interests. Here, the ocean-like prominence of this Kremlin conference table must be bridged by two interpreters seeking to establish a communication link that will faithfully transmit the charismatic personalities of these two national leaders. May, 1995.

La composition de cette photographie met en valeur les barrières symboliques que les chefs d'États doivent franchir afin d'accorder leurs intérêts respectifs. Ici, la distance à l'échelle d'un océan qui sépare les acteurs de cette table de conférence au Kremlin doit être réduite par les deux interprètes dont le but est d'établir une communication reflétant fidèlement les personnalités charismatiques de ces deux chefs d'État. Mai, 1995.

A fireside chat inside the "dacha," or country home, of Russia's President Yeltsin sounds like a scene from a John Le Carré novel. If in the pre-perestroïka era dachas were normally considered off limits for meetings with international heads of state, they are certainly being used now to extend Russian hospitality to Prime Minister Chrétien. October, 1997.

Une causette au coin du feu dans le *dacha*, ou maison de campagne du président de la Russie, Boris Yeltsin, semble un lieu exotique pour un roman de John Le Carré. Si à l'époque de la préperestroïka, on considérait le *dacha* comme un endroit inapproprié pour des réunions avec des chefs d'État, de nos jours on s'en sert pour offrir l'hospitalité russe au premier ministre Chrétien. Octobre, 1997.

Prime Minister Chrétien decided to walk with his delegation from nearby Blair House (Presidential guest house) to a private meeting with President Clinton. The low light conditions and the need for discretion prompted the use of a Leica camera. The evening glow of the White House allowed the delegation to be silhouetted against this world famous structure, in a way that could otherwise have appeared quite ordinary if flash had been used. April, 1997.

Le premier ministre Chrétien a décidé de marcher, avec sa délégation, de Blair House (maison d'honneur présidentielle) jusqu'à une réunion privée avec le président Clinton. L'éclairage sombre et le besoin de discrétion nécessitent l'emploi d'un appareil photo Leica. La lueur de la Maison Blanche la nuit dessine les silhouettes des membres de la délégation. Avril, 1997.

Mr. Fuerth

This closed door bilateral meeting in a White House cabinet room, with its prominent oval board table, portraits and statues, arched windows and chandeliers, seems as formal and elegant as political photography can get. The Canadian delegation from left to right includes, Eddie Goldenberg, Michael Kergin, Art Eggleton, Lloyd Axworthy, Prime Minister Chrétien, Ambassador Raymond Chrétien, Sergio Marchi, Jane Stewart and Jim Bartleman. April, 1997.

Cette réunion bilatérale à huis clos dans une salle de cabinet à la Maison Blanche, avec sa table de conseil ovale proéminente, ses portraits et ses statues, ses fenêtres en forme de voûte et des chandeliers, semble aussi formelle et élégante que peut l'être la photographie politique. La délégation canadienne de gauche à droit inclus Eddie Golden berg, Michael Kergin, Art Eggleton, Lloyd Axworthy, premier ministre Chrétien, ambassadeur Raymond Chrétien, Sergio Marchi, Jane Stewart et Jim Bartleman. Avril, 1997.

The President's Oval Office brings to mind the many presidents in recent years that have worked together with Canadian prime ministers to create and strengthen North American economies. Being partners with the world's strongest nation seems to be part of the atmosphere that meeting in this office exudes. April, 1997.

Le cabinet ovale du Président rappelle les nombreux présidents qui ont récemment travaillé avec les premiers ministres canadiens afin de créer et de renforcer les économies de l'Amérique du Nord. Le partenariat avec la nation la plus importante du monde semble refléter une atmosphère spéciale qui ressort de cette réunion dans ce cabinet. Avril, 1997.

Open doorways, closed doors; crowded public halls, secluded private spaces; these contrasts combined in this intriguing photograph of Prime Minister Chrétien and his Excellency Goh Chok Tong, Prime Minister of Singapore. The viewer is granted visual access to this Singapore meeting, but kept outside the designated space where state-craft is conducted. November, 1999.

Des portes ouvertes, des portes fermées; des salles publiques bondées, des espaces privés à l'écart ; ces contrastes sont visibles dans cette photographie étonnante du premier ministre Chrétien et de son Excellence Goh Chok Tong, premier ministre de Singapour. Le specta-teur peut accéder visuellement à la réunion de Singapour, mais il est écarté de l'espace où se déroule l'art de la politique. Novembre, 1999.

During South African President Nelson Mandela's visit to Canada, one is struck by the irony of history which, not too long ago, recorded his official residence as a prison cell, and here records this meeting, being served tea in the highest office in the land. September, 1998.

Lors de la visite du président de l'Afrique du Sud, Nelson Mandela, au Canada, on est frappé par la tournure de l'histoire : il n'y a pas si longtemps, sa résidence officielle était une cellule de prison; maintenant, durant cette rencontre, on lui sert le thé dans le bureau le plus important du pays. Septembre, 1998.

Prime Minister Trudeau introduced the Speaker of the Senate, Jean Marchand, and Speaker of the House of Commons, Jeanne Sauvé, to Prince Charles and Princess Diana during their first official visit to Ottawa. June, 1983.

Le premier ministre Trudeau présente le président du Sénat, Jean Marchand, et la présidente de la Chambre des communes, Jeanne Sauvé, au Prince Charles et à la Princesse Diana lors de leur première visite officielle à Ottawa. Juin, 1983.

Queen Elizabeth and Prince Philip are escorted by Prime Minister Trudeau for a gala event at the NAC (National Arts Centre) to mark the signing of the Constitution. April, 1982.

La Reine Elizabeth et le Prince Phillip sont escortés par le premier ministre Trudeau au cours d'un gala au CNA (Centre national des arts) afin de commémorer la signature de la Constitution. Avril, 1982.

Two days before meeting other national leaders at a G7 Summit in Birmingham, England, the Prime Minister paid a private visit to Buckingham Palace. This room displays a casual charm that, not surprisingly, complements the reign of Queen Elizabeth. May, 1998.

Deux jours avant de rencontrer d'autres chefs d'État au sommet du G8 à Birmingham en Angleterre, le premier ministre rend une visite privée au Palais Buckingham. Cette salle possède un charme naturel qui complète bien le règne de la reine Elizabeth. Mai, 1998.

The Queen and the PM met members of the Cirque du Soleil while in London. Singer Bryan Adams, on the right, looks on from the background.

La Reine et le PM rencontrent quelques membres du Cirque du Soleil, à Londres. Le chanteur Bryan Adams, sur la droite, observe en arrière-plan.

Toronto mayor Mel Lastman reacts with unrestrained delight when Prime Minister Chrétien surprises him with a Toronto-made product that he had specially ordered for his distinguished visitor. March, 1999.

Le maire de Toronto, Mel Lastman, réagit avec un plaisir non contenu quand le premier ministre Chrétien le surprend avec un produit fabriqué à Toronto qu'il a spécialement commandé pour son invité d'honneur. Mars, 1999.

American space shuttle commander Paul Weitz (in centre), listens to the humorous trajectory of this tale from the PM, accompanied by Don Johnston. June, 1983.

Paul Weitz (au centre), commandant de navette spatiale américaine, écoute le PM raconter la trajectoire humoristique de cette histoire, accompagné par Don Johnston. Juin, 1983.

Economist John Kenneth Galbraith shares some observations with the Opposition Leader during a meeting of the Liberal International Congress. September, 1987.

L'économiste John Kenneth Galbraith partage quelques points de vue avec le chef de l'opposition lors d'une réunion du Congrès international libéral. Septembre, 1987.

Microsoft chairman Bill Gates virtually visited Prime Minister Chrétien while he was in Ottawa attending a conference on the "virtual classroom" at Carleton University. Industry Minister John Manley introduced him. Summer, 1995.

Le fondateur de Microsoft, Bill Gates, rend visite au premier ministre Chrétien pendant une conférence à Ottawa portant sur la « salle de classe virtuelle » à l'université Carleton. Le ministre de l'Industrie, John Manley, le présente. Été, 1995.

Author Mordecai Richler and Prime Minister Chrétien share more than the same desk in this photograph. They share a commitment to Canadian unity that both have expressed publicly on many occasions. January, 1994

L'auteur Mordecai Richler et le premier ministre Chrétien partagent plus que le même bureau. En effet, ils partagent aussi un engagement pour l'unité canadienne qu'ils ont tous deux exprimé en public à plusieurs reprises. Janvier, 1994

The PM and Francis Fox hosted an evening with a group from the Montreal Canadiens and their wives. They include: Yvon Lambert, Serge Savard, Jacques Lemaire, Guy Lafleur and Réjean Houle. The Prime Minister observed that these Québecers were part of the federal fabric. February, 1979.

Le PM et Francis Fox animent une soirée avec les Canadiens de Montréal, vainqueurs de la Coupe Stanley, accompagnés de leurs épouses. Ce sont Yvon Lambert, Serge Savard, Jacques Lemaire, Guy Lafleur et Réjean Houle. Le premier ministre fait observer que ces Québécois font partie de la trame fédérale. Février, 1979.

Left to right Montreal Canadiens with their wives: Yvon Lambert, Larry Robinson, André Ouellet, Réjean Houle, Guy Lafleur, Francis Fox, Serge Savard, Prime Minister Trudeau, Jacques Olivier, Jacques Lemaire. February, 1979.

De gauche à droite : Les Canadiens de Montréal avec leurs femmes : Yvon Lambert, Larry Robinson, André Ouellet, Réjean Houle, Guy Lafleur, Francis Fox, Serge Savard, le premier ministre Trudeau, Jacques Olivier, Jacques Lemaire. Février, 1979.

Among Wayne Gretzky's many goals was to some day meet the Prime Minister of Canada. It was accomplished this day with his father Walter, his agent Michael Barnett and Hull Olympiques owner Charles Henry accompanying him. June, 1994.

Parmi les nombreux objectifs de Wayne Gretzky figurait celui de rencontrer un jour le premier ministre du Canada. Ce but a été réalisé ce jour accompagné de son père Walter, de Michael Barnett (son agent) et du propriétaire des Olympiques de Hull Charles Henry. Juin, 1994.

Peak performers, in this case skaters, found their way to the top of Canada's political peaks to meet Prime Minister Trudeau. Elizabeth Manley, with Paul and Isabelle Duchesnay had placed second in their class at the Canadian Junior Figure Skating Competition that year. February, 1982.

Des athlètes de haute performance, dans ce cas des patineurs sur glace, se font un chemin vers les sommets politiques du Canada pour rencontrer le premier ministre Trudeau. Elizabeth Manley avec Paul et Isabelle Duchesnay sont arrivés seconds de leur catégorie lors de la compétition de patinage artistique junior canadienne de cette année-là. Février, 1982.

After winning three gold medals at the 1984 winter Olympics, speed skater Gaetan Boucher joined the PM and Quebec MPs Jacques Olivier (on left), Raymond Dupont and Dennis Dawson for a well-deserved lunch at 24 Sussex. March, 1984.

Après avoir remporté trois médailles d'or aux Jeux olympiques de 1984, le patineur de vitesse Gaëtan Boucher (deuxième à partir de la gauche) se joint au PM et à ses députés du Québec Jacques Olivier (sur la gauche), Raymond Dupont et Dennis Dawson pour savourer un repas bien mérité au 24 Sussex. Mars, 1984.

Backstage, in a New York Broadway dressing room, two Canadian performers meet, both with hands outstretched and both comfortable in front of large audiences. The occasion was Christopher Plummer's play "Barrymore." One man holding an audience's attention for an entire evening is a skill both men admire. June, 1997.

Dans les coulisses de Broadway à New York, deux interprètes canadiens se rencontrent dans une loge, tous les deux bras ouverts et tous les deux à l'aise devant un public nombreux. L'occasion en est la pièce « Barrymore » de Christopher Plummer. Les deux hommes admirent l'aptitude d'un homme à retenir l'attention du public pendant toute une soirée. Juin, 1997.

Actor Michael Douglas paid a visit to the PM in his capacity as special advisor to the United Nations on Disarmament Issues. September, 1998.

L'acteur Michael Douglas rend visite au PM dans le cadre de conseiller spécial aux Nations Unies au sujet du désarmement. Septembre, 1998.

Singer Celine Dion and her husband are greeted by the PM at the Molson Centre during a special event for hockey legend Maurice Richard.

La chanteuse Céline Dion et son mari, René Angélil, sont accueillis par le PM au centre Molson durant une manifestation spéciale en l'honneur du héros de hockey Maurice Richard.

When actress Mary Tyler Moore stopped off in Ottawa during an international tour to promote the International Juvenile Diabetes Foundation, she paid a courtesy visit to Prime Minister Chrétien. Photojournalism rule number one: expect the unexpected. Here, an impromptu dance captured the spirit of their meeting. February, 1999.

Quand l'actrice Mary Tyler Moore s'est arrêtée à Ottawa pendant une tournée internationale pour promouvoir la Fondation internationale du diabète juvénile, elle a rendu une visite de politesse au premier ministre Chrétien. Règle numéro un du photojournalisme : s'attendre à l'inattendu. Ici, une danse imprévue illustre l'esprit de leur rencontre. Février, 1999.

Canadian musicians, including Randy Bachman (second from left) and Burton Cummings with Patti Jannetta, stepped on to the political stage while in Ottawa for meetings with the Canadian Musical Reproduction Rights Agency. March, 1987.

Des musiciens canadiens, comme Randy Bachman (deuxième à partir de la gauche) et Burton Cummings avec Patti Jannetta, montent sur la scène politique lors de réunions à Ottawa avec l'Agence canadienne des droits de reproduction musicaux. Mars, 1987.

Quebec entertainer Jean Lapointe and his wife are momentarily capti-
vated by this performance in the sunroom of 24 Sussex, with André
Ouellet and his wife equally engaged. This sunroom overlooks the
Ottawa River and the Gatineau Hills. March, 1979.

Le comique québécois Jean Lapointe et sa femme sont momentanément captivés par cette performance sur la terrasse du 24 Sussex, de
même que le sont André Ouellet et sa femme. Cette terrasse surplombe
la rivière des Outaouais et les collines de la Gatineau. Mars, 1979.

Frank Sinatra came to Ottawa as a favour to comedian Rich Little. Together, they joined the PM to raise funds for the Ottawa Civic Hospital. Sinatra opened the concert with "I've Got the World on a String." September, 1982.

Frank Sinatra s'est rendu à Ottawa pour soutenir l'humoriste Rich Little. Ils se sont joints au PM pour recueillir des fonds au bénéfice de l'Hôpital Civic d'Ottawa. Sinatra a chanté en avant-première la chanson intitulée « I've Got the World on a String ». Septembre, 1982.

One rumour had it that Canadian actor Dan Aykroyd was in town to audition local talent for another "blues brother." This version of "Let the Good Times Roll" may have stopped the search. The truth is the Ottawa native stopped off at the Governor General's residence to pick up an Order of Canada award before heading over to 24 Sussex. April, 1999.

Une rumeur s'est répandue selon laquelle l'acteur canadien, Dan Aykroyd, serait venu auditionner un talent local pour un nouveau « Blues Brother ». Cette version de « Let the Good Times Roll » pourrait terminer la recherche. La vérité est que ce natif d'Ottawa s'est arrêté dans la résidence du gouverneur général pour y retirer son prix de l'Ordre du Canada avant de repartir pour le 24 Sussex. Avril, 1999.

Overleaf: Harrington Lake, the official retreat residence for Canada's prime ministers, offers each succeeding leader a sample of Canadian beauty. 1995.

Au verso : Lac Mousseau (Harrington), la résidence officielle de retraite des premiers ministres du Canada offre à chaque chef successif un échantillon de la beauté du paysage canadien. 1995.

Walking on water was not part of the job description, though here a submerged surfboard gave the appearance of a prime minister with some extraordinary abilities. Taken at Harrington Lake. September, 1983.

Marcher sur l'eau ne fait pas partie du travail, bien que dans ce cas, une planche de surf submergée donne l'apparence d'un premier ministre aux capacités extraordinaires. Lac Mousseau (Harrington). Septembre, 1983.

Left: Handling political flying saucers was commonplace on Parliament Hill, but at Harrington Lake a frisbee was sufficient. June, 1978.

À gauche : Manipuler les soucoupes volantes de la politique est courant à la Colline du Parlement. Au lac Mousseau (Harrington), un disque volant est suffisant. Juin, 1978.

The PM demonstrated a few impressive moves during this impromptu basketball skirmish in a Montreal neighbourhood. September, 1999.

Le PM fait preuve de quelques mouvements impressionnants lors d'une petite échauffourée au cours d'un jeu de basket-ball, dans une banlieue de Montréal. Septembre, 1999.

Right: The table-top camera position, the stealth action of a Leica, the symmetry of over-hanging pool hall lights, the matching reflection off the table cloth — all add a classic feel and drama to this image. Surely even seasoned players would think twice about who they were up against. Shawinigan. 1995.

À droite : La position de l'appareil sur la table, l'action furtive d'un appareil Leica, la symétrie des lumières en surplomb du hall de billards, et le reflet assorti sur la nappe de la table donnent une atmosphère de drame à cette image. Même les joueurs expérimentés doivent penser à deux fois à qui ils ont à faire. Shawinigan. 1995.

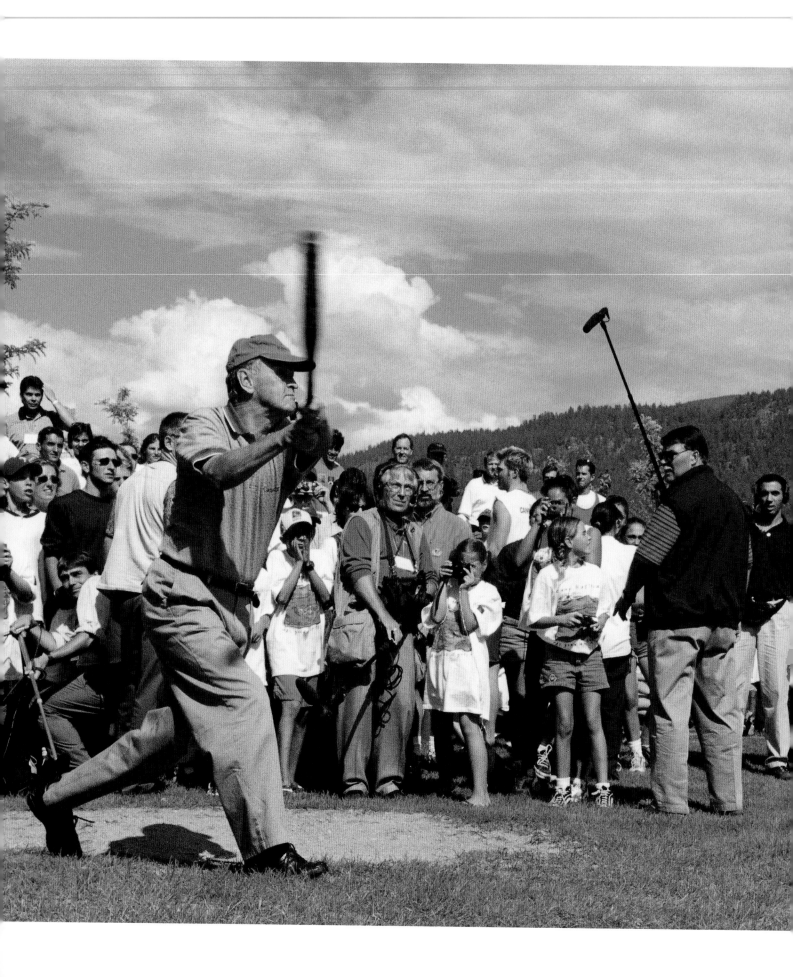

Left: Residents from Kelowna, B.C., seem convinced in this photograph that "you can't put one past the PM."

À gauche : Des résidents de Kelowna, C.B., semblent convaincus que « l'on ne peut pas se jouer du PM ».

At the end of this game in Halifax, both leaders would only disclose that the score was a "state secret." June, 1995.

À la fin de ce jeu à Halifax, les deux leaders déclarent seulement que le score final est un « secret d'État ». Juin, 1995.

For security reasons, prime ministers are discouraged from driving their own vehicles. It was a special treat to drive his 1953 Mercedes out the driveway of 24 Sussex on Pierre Trudeau's first free day after stepping down from office. June, 1984.

Pour des raisons de sécurité, il est déconseillé aux premiers ministres de conduire eux-mêmes leur propre voiture. Le premier jour après l'arrêt de ses fonctions, conduire sa Mercedes de 1953 dans l'allée du 24 Sussex fut pour lui une vraie aubaine. Juin, 1984.

Security reasons prevent the Prime Minister from driving a car, but here in the privacy of Harrington Lake driving a Sea-Doo seems more enjoyable anyway. July, 1995.

Des mesures de sécurité empêchent le premier ministre de conduire, mais en privé au lac Mousseau (Harrington), conduire une motomarine semble tout de même plus amusant. Juillet, 1995.

The majestic Canadian landscape can be overwhelming on occasion, as is evident here when Prime Minister Chrétien spontaneously stopped the motorcade and took in part of the spectacular northern scenery that surrounds Dawson City, Yukon. August, 1996.

Le paysage majestueux du Canada peut parfois être éblouissant, comme on peut le constater ici quand le premier ministre Chrétien arrête spontanément le cortège d'automobiles pour admirer ce paysage spectaculaire du Nord qui entoure Dawson City, Yukon. Août, 1996.

The short drive to Parliament Hill from 24 Sussex provides a quiet moment before the hectic pace of another day begins. December, 1998.

En route du 24 Sussex vers la Colline du Parlement, ce court trajet procure un moment de paix avant d'affronter le rythme agité d'une nouvelle journée. Décembre, 1998.

Far Left: In politics one has to be able to take the bumps that come with the position, even here at a Winnipeg Convention. July, 1980.

À l'extrême gauche : En politique, on doit être capable d'essuyer les revers inhérents à sa position, même ici, lors d'un congrès à Winnipeg. Juillet, 1980.

An evening of dance at the Liberal Caucus Christmas Party, and a break in a Leader's hectic schedule. December, 1985.

Une soirée dansante à la fête de Noël du Caucus libéral, et une pause dans le programme très mouvementé du chef. Décembre, 1985.

Revelling in the "raspa," a popular Shawinigan dance, on the eve of the election signaled the spirit of a campaign that would return the Liberals to power after nearly a decade in opposition. October, 1993.

Se divertissant au son du « raspa », une danse populaire de Shawinigan, l'ambiance de cette veille électorale inspire un esprit de victoire qui redonnera le pouvoir aux libéraux après presque une décennie dans l'opposition. Octobre, 1993.

Advance briefings indicated that local residents of Bhannar Singh Camp in New Delhi, India, would perform a dance for Canadian officials in recognition of Canada's development assistance. The Prime Minister was scheduled to spectate, not gyrate, though locals appeared to prefer the latter. January, 1996.

Des directives prévoient que les résidents locaux du camp Bhannar Singh à New Delhi, en Inde, présentent une danse pour remercier les officiels canadiens de l'aide au développement venue du Canada. Le premier ministre doit y assister sans y participer, même si les gens du pays pourraient préférer le dernier aspect. Janvier, 1996.

The trade mission to Buenos Aires, Argentina, which included dozens of signed agreements and formal discussions, seemed best visualized by this image of Prime Minister and Mrs. Chrétien, taken during a rare day off at an outdoor market, browsing through the goods of local artisans. January, 1995.

La mission commerciale à Buenos Aires, Argentine, qui a permis la signature de douzaines d'accords et des discussions formelles, semble la mieux représentée par cette image du premier ministre et de Mme Chrétien, prise à l'occasion d'une rare journée de congé, à un marché extérieur, alors qu'ils regardent les produits des artisans du pays. Janvier, 1995.

Political photography is often a study in contrast from the institutional discord heard during question period for one hour in the House of Commons, to four-part harmony heard here, during a private sing-a-long in the Prime Minister's residence at 24 Sussex.

La photographie politique montre souvent le contraste entre les désaccords institutionnels entendus pendant une heure lors d'une séance à la Chambre des communes et l'harmonie qui émane des quatre voix pendant les chants privés à la résidence du premier ministre, au 24 Sussex.

Music is a familiar sound at 24 Sussex. Before heading out on the campaign trail, Mrs. Chrétien relaxes at the piano. April, 1997.

La musique est monnaie courante au 24 Sussex. Avant de partir sur la route de campagne électorale, Mme Chrétien se relaxe au piano. Avril, 1997.

When "the joint starts rockin'" on Parliament Hill, it's not necessarily only in the House of Commons, but wherever the True Grit Band is playing. The band is made up of Liberal members of Parliament. Here Prime Minister Chrétien warms up backstage before he starts to cook onstage. 1998.

Quand « ça commence à bouger » à la Colline du Parlement, ce n'est pas uniquement à la Chambre des communes, mais partout où le groupe True Grit joue. Le groupe est composé de députés libéraux. Ici, le premier ministre Chrétien s'échauffe dans les coulisses avant d'animer la scène. 1998.

Stopping the advance of the opposition even included playing goal during this game on Ottawa's famous Rideau Canal. Left to right: William Rompkey, Gary McCauley, Jean Chrétien, Herb Breau, Maurice Harquail, Warren Allmand, René Cousineau, Michel Veillette, David Dingwall. February, 1981.

Empêcher l'avance de l'opposition peut parfois impliquer de jouer gardien de but, comme dans ce jeu sur le réputé Canal Rideau à Ottawa. De gauche à droite : William Rompkey, Gary McCauley, Jean Chrétien, Herb Breau, Maurice Harquail, Warren Allmand, René Cousineau, Michel Veillette, David Dingwall. Février, 1981.

Left: No matter which playing field you choose, the "Commons" or the "court," there's always opposition. At the age of 17, John Turner was the Canadian Junior Sprinting champion in the 100-yard dash. April, 1987.

À gauche : Quel que soit le terrain de jeu choisi, les « communes » ou « le court », il y a toujours une opposition. À l'âge de 17 ans, John Turner était champion junior canadien de course du 110 mètres haies. Avril, 1987.

Robert Carle, son of former PMO Director of Operations Jean Carle, and the Prime Minister seem to be in stride as they stroll hand in hand at the PM's official summer cottage at Harrington Lake. August, 1995.

Robert Carle, fils de l'ancien directeur des opérations du CPM Jean Carle, et le premier ministre semblent marcher au pas alors qu'ils se promènent au chalet d'été officiel du PM au lac Mousseau (lac Harrington). Août, 1995.

MP Tony Valeri's son Anthony was literally swept up in the fun by the PM at this Harrington Lake caucus picnic. August, 1996.

Anthony, fils du député Tony Valeri, s'est bien amusé avec le PM à ce pique-nique du groupe parlementaire au lac Mousseau (Harrington). Août, 1996.

This second-floor family room at 24 Sussex has rarely been seen by the general public. Here the PM is watching "La soirée du hockey." He wore Eaton's catalogues as hockey shin pads while growing up. March, 1996.

Ce salon au deuxième étage du 24 Sussex a rarement été vu par le grand public. Le PM regarde « La soirée du hockey ». Il portait des catalogues d'Eaton en guise de jambières de hockey pendant son enfance. Mars, 1996.

Left: Security personnel kept a close eye on this downhill skier on the slopes of Eidleweiss outside Ottawa. March, 1999.

À gauche : Le personnel de sécurité veille sur ce skieur descendant les pentes d'Eidleweiss aux environs d'Ottawa. Mars, 1999.

The sign at the bottom of this stairway leading from the House of Commons to the Prime Minister's Office reads, "Slow-moving Pedestrians Keep Right." May, 1999.

Le panneau en bas de l'escalier qui mène de la Chambre des communes au cabinet du premier ministre affiche : « Piétons lents, restez à droite ». Mai, 1999.

Again, expect the unexpected. During a day off from Team Canada meetings in China, five busloads of Canadians took a leisurely stroll along the Great Wall of China. Suddenly, the Prime Minister burst into a sprint up a steep incline and dashed by, before more than one photograph could be taken. November, 1994.

Encore un fois s'attendre à l'inattendu. Pendant leur jour de congé, lors des réunions de l'équipe Canada en Chine, cinq autocars remplis de Canadiens ont visité le long de la Grande Muraille de Chine. Soudain, le premier ministre commence à monter une pente raide en courant et disparaît avant que l'on puisse faire plus d'une photographie. Novembre, 1994.

Having just received a samurai outfit as a birthday gift, the PM demonstrates his technique in the fine art of cake cutting to his delegation. Seoul, Korea. January, 1997.

Ayant reçu une tenue de samurai pour son anniversaire, le PM montre à sa délégation sa technique dans l'art raffiné du découpage de gâteau. Séoul, Corée du sud. Janvier, 1997.

Only one minute's notice was given that the Shanghai express was about to depart with only one rider — Prime Minister Chrétien. A winded Chinese security guard was tasked to follow behind while a gleeful Prime Minister seemed to find a lull in rush hour traffic. November, 1994.

Après seulement une minute de concertation, le Shanghai Express est sur le point de partir avec un seul passager : le premier ministre Chrétien. Un garde de sécurité chinois, à bout de souffle, est chargé de le suivre alors que le premier ministre jubilant semble trouver un moment de répit dans la circulation à l'heure de pointe. Novembre, 1994.

In Bangkok, Thailand, the PM and Mrs. Chrétien visited the Grand Palace and the Temple of the Emerald Buddha. The moon can be seen competing for attention. January, 1997.

A Bangkok, en Thaïlande, le PM et Mme Chrétien visitent le Grand Palais et le Temple du Bouddha Émeraude. De bonne guerre, la lune essai d'attirer l'attention. Janvier, 1997.

Hours of meetings of Canadian officials with their Russian counterparts may never capture the flavour of a foreign trip the way a fraction of a second can, when the camera shutter freezes the familiar landmarks of a nation, in this case Moscow's Red Square, as Canada's Prime Minister and his delegation pass through Russia's most famous corridor following a meeting on Nuclear Safety and Security. 1996

Des heures de réunions entre les officiels canadiens et leurs homologues russes ne peuvent jamais rendre le goût d'un voyage à l'étranger comme peut le faire, en une fraction de seconde, l'obturateur de l'appareil photo fixant les lieux réputés d'une nation. Dans ce cas, la place Rouge à Moscou. Ici, le premier ministre du Canada et sa délégation passent par le corridor le plus connu en Russie après une réunion sur la sûreté et la sécurité nucléaire. 1996.

Prime Minister and Mrs. Chrétien took a brief moment to pose for this image in front of India's Taj Mahal. It marked another phase of Team Canada's outreach to countries around the world. January, 1996

Le premier ministre et Mme Chrétien posent un moment pour cette photo devant le Taj Mahal en Inde. Ceci marque une autre étape de l'aide apportée par l'équipe Canada aux pays dans le monde entier. Janvier, 1996.

RCMP staff light the way for the PM during a hasty tour of the Egyptian pyramids while en route to the Summit of the Peacemakers meeting near Cairo. Evening illumination on the pyramids lasts for only a few minutes, making this impromptu visual record a compositional challenge.

Le personnel du GRC éclaire le chemin du PM lors d'un tour rapide aux pyramides d'Égypte alors qu'il est en route vers la réunion du Sommet des artisans de la paix près du Caire. L'éclairage nocturne des pyramides ne dure que quelques minutes, ce qui rend cette photo prise à l'improviste un défi du genre.

Right: The vertical feel in this image of Prime Minister and Mrs. Chrétien, in one of the most famous rooms in the world, the Vatican's Sistine Chapel, seems to fulfill artist Michelangelo's intention, namely, to have those entering its sanctuary drawn up into another reality that invites their ascent. In this room a new pope is chosen. July, 1994.

À droite : La sensation de verticalité de cette photo du premier ministre et de Mme Chrétien, dans une des salles les plus réputées du monde, la Chapelle Sixtine au Vatican, semble répondre à l'intention de l'artiste Michel-Ange : saisir ceux qui entrent dans son sanctuaire d'une autre réalité qui les invite à l'ascension. C'est dans cette salle que le nouveau pape est désigné. Juillet, 1994.

Team Canada had no trouble getting in or out of the Forbidden City in Beijing, China. November, 1994.

L'équipe Canada a pu visiter san difficulté la Cité interdite de Bejing en Chine. Novembre 1994.

Right: On his way to a press conference in Ottawa by skateboard, some teens thought that the Prime Minister's government cutbacks on transportation might have gone too far. May, 1995.

À droite : En route pour une conférence de presse à Ottawa sur des planches à roulettes, quelques adolescents pensent que les coupures budgétaires sur le transport imposées par le gouvernement du premier ministre sont allées trop loin. Mai, 1995.

This "Shawinigan" greeting can leave one breathless, as Senator Eugene Whelan reciprocates. May, 1995.

Cet accueil « Shawinigan » peut en laisser plus d'un avec le souffle coupé, alors que le sénateur Eugène Whelan y répond vigoureusement. Mai, 1995.

When asked by Young Liberal David Hurley whether the millions of mourners at the funeral for Russian leader Andropov were sincere, the PM, who had just returned, responded, "About as sincere as they are for Canadian leaders." March, 1984.

Alors que le jeune libéral David Hurley lui demande si les millions de personnes qui ont suivi le cortège funèbre du dirigeant russe Andropov étaient sincères, le PM, de retour des funérailles, répond : « Aussi sincères qu'elles le seraient pour un dirigeant canadien ». Mars, 1984.

The Prime Minister demonstrates how he skillfully balanced on his head a gift he had received earlier in the day. Immediately, Mrs. Groulx matched his act, while the onlookers were left to ask, "What's next?" (From left to right: Denise Tremblay, riding assistant, Inspector Robin Simard, Mrs. Groulx and Superintendant Marcel Groulx.) February, 1998.

Le premier ministre fait tenir en équilibre sur sa tête un cadeau qu'il a reçu plus tôt dans la journée. Tout de suite, Mme Groulx l'imite tandis que les spectateurs attendent de voir la suite. (De gauche à droite : Denise Tremblay, assistante de comté, l'inspecteur Robin Simard, Mme Groulx et le surintendant Marcel Groulx.) Février, 1998.

Far left: Canadians became familiar with seeing a youthful Prime Minister with his three young sons during much of his public term. (From the left: Sacha, Michel and Justin.) October, 1981.

À l'extrême gauche : Les Canadiens se familiarisent avec l'idée d'un premier ministre à l'air jeune en compagnie de ses trois jeunes fils, pendant la majeure partie de ses fonctions publiques. (À partir de la gauche : Sacha, Michel et Justin.) Octobre, 1981.

The PM and his son Justin enjoying a relaxing moment at Harrington Lake. (Lac Mousseau) 1978.

Le PM et son fils Justin jouissant d'un moment de détente au lac Mousseau (Harrington). Août, 1978.

A quiet moment with son
Sacha in the Speaker's
chambers during the cere-
monies marking the unveiling of the Prime Minister's
portrait. May, 1992.

Un moment de calme avec
son fils Sacha dans les
appartements du Président,
lors de la cérémonie d'inauguration du portrait de
l'ancien premier ministre.
Mai, 1992.

Far Right: The PM shoul-
ders a "not too heavy load,"
at Harrington Lake with
son Sacha. August, 1978.

À l'extrême droite : Le PM
endosse une « charge pas
trop lourde » au lac
Mousseau (Harrington)
en compagnie de son fils
Sacha. Août, 1978.

"I spy a Tory," was the line Prime Minister Trudeau used in his *Memoirs* when the Trudeaus met Catherine Clark and her dad during a House of Commons children's Christmas party. December, 1981.

« J'espionne un Tory » constitue la réplique que le premier ministre Trudeau a utilisée dans ses mémoires lors de la rencontre des Trudeau avec Catherine Clark et son père, au cours de la fête de Noël de la Chambre des communes. Décembre, 1981.

The Trudeau boys are enjoying the Grey Cup half time show in Montreal, while CFL Commissioner Jake Gaudar heads for some refreshments. November, 1982.

Les fils Trudeau regardent la mi-temps de la Coupe Grey à Montréal, alors que le commissaire du CBF, Jake Gaudaur, se dirige vers les rafraîchissements. Novembre, 1982.

This 50th birthday party for wife Geills, at Stornaway, was the occasion for the Leader to note that "she was a great campaigner." December, 1987.

Cette fête organisée pour le 50e anniversaire de sa femme Geills, à Stornaway, représente une occasion pour le chef de préciser qu'« elle est une excellente militante ». Décembre, 1987.

Midway through his six-year span as Leader, the Turner family stands proudly onstage, soon to face another federal election. The occasion prompted the Leader to write that "family is everything." November, 1987.

À mi-chemin de son mandat de six ans, la famille Turner se tient fièrement sur le podium, dans la perspective d'une autre élection fédérale. C'est une occasion pour le chef d'écrire que « la famille est tout ». Novembre, 1987.

The Chrétien clan assembled on the front lawn of 24 Sussex, under the watchful eye of this enthusiastic family member. June, 1995.

Le clan Chrétien réuni sur la pelouse devant le 24 Sussex, sous l'œil attentif de ce membre enthousiaste de la famille. Juin, 1995.

Right: The Chrétiens and their grandchildren at the doorway of 24 Sussex. Front, left to right: Jacqueline, Philippe, Maximilien, and Olivier. June, 1995.

À droite : Les Chrétien et leurs petits-enfants devant la porte du 24 Sussex. Devant, de gauche à droite : Jacqueline, Philippe, Maximilien et Olivier. Juin, 1995.

His former chauffeur Jack Deschambault, and his new bride Katherine, greeted a relaxed and recently retired guest on their wedding day in Montreal. August, 1984.

Son ancien chauffeur Jack Deschambault et sa nouvelle épouse Katherine, accueillent un invité, récemment à la retraite, le jour de leur mariage à Montréal. Août, 1984.

Left: PM greets "trick or treater" Marc, as mom Patricia, Expi, Jose and Frederick look on. October, 1994.

À gauche : Le PM accueille le petit « farceur » Marc, tandis que sa maman Patricia, Expi, Jose et Frederick l'observent. Octobre, 1994.

Stornaway, the official residence of Canada's Leader of the Opposition, is the setting for this private performance by family friend and popular Quebec singer Robert Charlebois. All enjoyed his amusing repertoire of re-worked lyrics from songs both old and new. May, 1991.

Stornaway est la résidence officielle du chef de l'opposition du Canada dans laquelle a lieu cette soirée privée avec un ami de la famille, et chanteur québécois connu, Robert Charlebois. Tout le monde a pris plaisir à écouter son répertoire amusant de chansons nouvelles et plus anciennes. Mai, 1991.

Left: From his new Stornaway residence, the former PM engages an animated Mrs. Lester B. Pearson in conversation, while Mary McDonald enjoys the exchange. November, 1979.

À gauche : De sa nouvelle résidence de Stornaway, l'ancien PM engage une discussion animée avec Mme Lester B. Pearson, alors que Mary McDonald prend plaisir à écouter cet échange. Novembre, 1979.

Pierre Trudeau and Jean Chrétien versus Jacques Parizeau and René Lévesque. Few images capture so well both the issues of the day and the players so instrumental in shaping them. February, 1978.

Pierre Trudeau et Jean Chrétien contre Jacques Parizeau et René Lévesque. Quelques images rendent compte aussi bien des problèmes actuels que des joueurs qui contribuent à leur formation. Février, 1978.

At this Constitutional Conference in Ottawa, two Quebecers lead the nation in its quest for national unity. September, 1980.

Lors de cette conférence constitutionnelle à Ottawa, deux Québécois mènent la nation vers sa quête pour l'unité nationale. Septembre, 1980.

Speakers show a token resistance to their appointment according to a British tradition. They give up their partiality reluctantly, though play-fully, as the Prime Minister and Opposition Leader Joe Clark "drag" the Honourable Jeanne Sauvé to the chair. April, 1980.

Les conférenciers montrent une résistance symbolique à leur nomina-tion selon une tradition britannique. Ils cèdent leur partialité à con-trecœur, bien que sur le ton de la plaisanterie, alors que le premier ministre et le chef de l'opposition Joe Clark « traînent » l'honorable Jeanne Sauvé vers le fauteuil. Avril, 1980.

James Jerome vigorously resists the pull of both government and opposition leaders on the way to the Speaker's chair — this time Pierre Trudeau is Leader of the Opposition and Joe Clark the new Prime Minister. October, 1979.

James Jerome résiste vigoureusement à la tension à la fois du chef du gouvernement et du chef de l'opposition, alors qu'il se dirige vers le fauteuil du Président : cette fois-ci, Pierre Trudeau est le chef de l'opposition et Joe Clark le nouveau premier ministre. Octobre, 1979.

Serious issues surrounded this Speech from the Throne — Canadian unity, rising energy costs, etc. — but all were put aside momentarily to celebrate a speedy return to government after only nine months in opposition. April, 1980.

Des problèmes sérieux sont évoqués au cours de ce Discours du Trône : l'unité du Canada, l'augmentation des coûts d'énergie. Mais tous ces problèmes sont momentanément mis de côté pour célébrer un retour rapide au gouvernement après seulement neuf mois dans l'opposition. Avril, 1980.

This normally raucous room is strikingly serene as the former PM reflects on his years in government during a break while taping a television documentary. August, 1990.

Cet endroit habituellement houleux est d'une sérénité frappante alors que l'ancien PM fait part de ses réflexions sur les années qu'il a passées au gouvernement, lors d'une pause durant l'enregistrement d'un documentaire pour la télévision. Août, 1990.

This classic photograph of Senator Keith Davey, in the midst of colleagues at Mama Teresa's Ristorante, captures a "style" of politics that Liberal prime ministers recognized over the years. March, 1992.

Cette photographie classique du sénateur Keith Davey, au milieu de collègues au Mamma Teresa Ristorante, représente un style de politique reconnu depuis par les premiers ministres libéraux. Mars, 1992.

The stresses of preparing a federal budget are forgotten momentarily as the PM and Finance Minister Marc Lalonde bare their soles for this photograph. April, 1983.

Le stress occasionné par la préparation du budget est momentanément oublié alors que le PM et le ministre des Finances Marc Lalonde montrent leurs semelles pour cette photographie. Avril, 1983.

Moments before the release of the new budget, the Minister of Finance's wife, Mrs. Martin, pins a rose to the Prime Minister's lapel, while Finance Minister Paul Martin waits his turn. February 1999.

Quelques instants avant de présenter le nouveau budget, la femme du ministre des Finances, Mme Martin, épingle une rose au revers de veston du premier ministre, pendant que le ministre des Finances, Paul Martin, attend son tour. Février, 1999.

While Canadians view the Prime Minister and Finance Minister from behind the television cameras on budget day, this high angle provides a different perspective of the PM's stairs heading toward the House of Commons. February, 1998

Pendant que les Canadiens regardent le premier ministre et le ministre des Finances derrière les caméras de télévision le jour de la présentation du budget, cet angle de vue donne une autre perspective des escaliers du PM menant à la Chambre des communes. Février, 1998

Rick Hanson's heroic efforts on behalf of those with disabilities have earned him an admiring audience over the years, including this audience with the PM.

Les efforts gigantesques de Rick Hansen en faveur des personnes présentant des déficiences physiques lui ont permis d'acquérir une audience admiratrice, comprenant le PM, au fil des années.

Left: The composition of this photograph symbolized a leader who had risen to the height of power, supported by the people below and the towering symbol of peace above. July, 1981.

À gauche : La composition de cette photographie symbolise un chef qui a atteint les sommets du pouvoir, soutenu d'un côté par le peuple et de l'autre par le symbole noble de la paix. Juillet, 1981.

In a closed door meeting, the Liberal Party executive hear the news from the PM about his decision to step down. This time, history would not have a comeback scenario in store. March, 1984.

Dans une réunion à huis clos, les responsables du Parti libéral écoutent le PM les informer de sa décision de prendre sa retraite. Cette fois-ci, l'histoire ne proposera pas de scénario de retour. Mars, 1984.

In this intriguing composition, the skyline of Parliament Hill opens up momentarily to allow the real John Turner to emerge through the signs. Leadership convention. June, 1984.

Dans cette composition étonnante, la silhouette de la Colline s'efface momentanément pour laisser le vrai John Turner émerger des pancartes. Congrès au leadership. Juin, 1984.

This farewell tribute to the former Prime Minister during the leadership convention brought together family and friends for an evening that looked back on two decades of political life. June, 1984.

Au congrès d'investiture, ce témoignage d'adieu à l'ancien premier ministre a réuni la famille et les amis lors d'une soirée de rétrospective de deux décennies de vie politique. Juin, 1984.

Marc Lalonde and Keith Davey pay an emotional farewell to a leader they served and admired. June, 1984.

Marc Lalonde et Keith Davey rendent un hommage plein d'émotion à leur chef qu'ils ont servi et admiré. Juin, 1984.

While the final "pirouette" marked the end of a two-decade performance, the curtain rose on a private career. June, 1984

Alors que la « pirouette » finale marque la fin d'une activité de deux décennies, le rideau se lève sur une carrière privée. Juin, 1984.

The precise timing of this image may disguise the fact that former Governor General Jeanne Sauvé was placing a medallion of the Order of Canada on the former PM. October, 1985.

La synchronisation de cette image peut cacher le fait que l'ancien gouverneur général Jeanne Sauvé accroche la médaille de l'Ordre du Canada à l'ancien premier ministre. Octobre, 1985.

Election euphoria erupts the moment a victory vote is announced. This image exudes the enthusiasm that energizes so many workers. Prime Minister Turner is embraced by his wife. June, 1984.

L'euphorie électorale éclate au moment où la victoire est annoncée. Cette image exprime l'enthousiasme qui anime tant de collaborateurs. Le premier ministre Turner est embrassé par sa femme. Juin, 1984.

Downstage, the PM and his wife bathe in the leadership and media spotlight, while upstage Mr. and Mrs. Chrétien, in nine years would walk the few steps forward to become "the first couple." June, 1984.

Hors de la scène, le PM et sa femme baignent dans la lumière des médias et acceptent les félicitations du président du parti Iona Campagnolo, alors que sur la scène M. et Mme Chrétien, dans neuf ans, franchiront le cap qui les caractérisera comme « le premier couple ». Juin 1984.

"Getting the shot," even when not confined to the photo pen, can be a harrowing experience during a rush to the stage, moments before Mr. Chrétien gives his party leadership speech at the Ottawa Congress Centre. June, 1984.

« Prendre la photo », même en dehors d'une séance organisée, peut s'avérer une expérience poignante pendant une bousculade vers la scène, comme ici quelques instants avant que M. Chrétien fasse son discours du parti au Palais des Congrès d'Ottawa. Juin, 1984.

Below: This vantage point onstage captured the energy level that such campaigns generate. January, 1984.

En bas : Cette position avantageuse rend compte du niveau d'énergie générée par les campagnes électorales. Juin, 1984.

The surrounding roar of a leadership victory seems momentarily muffled as the camera freezes the silent embrace of the soon-to-be first couple. June, 1990.

Les clameurs dues à la victoire du dirigeant semblent momentanément étouffées lorsque l'appareil photo fige l'étreinte silencieuse du futur premier couple. Juin, 1990.

A cape and beret add to the formality of the unveiling of Prime Minister Pearson's statue. September, 1990.

Une cape et un béret ajoutent au formalisme de l'inauguration de la statue du premier ministre Pearson. Septembre, 1990.

Eight years after the former PM left Parliament Hill, this portrait of him arrived to hang along the south hallway of Centre Block next to those of the other leaders of their day. May, 1992.

Huit ans après le départ de l'ancien PM de la Colline du Parlement, son portrait est accroché dans le couloir sud de l'Édifice du centre, à côté des autres chefs de leur époque. Mai, 1992.

Overleaf: While cameramen and photographers prepared to capture the official photo of world leaders attending the 1996 Summit of Peacemakers, held at Sharm-El Sheik, Egypt, one is struck by the visual impact of the formidable "march of the Peacemakers" to the designated photo site. Moments later the world would see a more static image of them transmitted globally. March, 1996.

Au verso : Pendant que les cameramen et les photographes se préparent à prendre la photo officielle des chefs d'État au Sommet des artisans de la paix de 1996, qui a lieu à Sharm-El Sheik en Égypte, on est saisi par l'impact visuel de cet impressionnant défilé des artisans de la paix vers le site de photographie officiel. Plus tard, une image plus figée de ces personnages sera transmise et vue à travers le monde. Mars, 1996.

While the inner circle of G8 leaders, meeting in Halifax, devote their attention to the presentation of Prime Minister Chrétien, they are, nonetheless, intimately aware of the outer circle of silhouetted security personnel that become part of the Halifax Harbour scenery. (Left to right: President Chirac, President Yeltsin, Prime Minister Major, Prime Minister Chrétien, President Clinton, Chancellor Kohl, Prime Minister Dini, Prime Minister Murayama, President Santer.) June, 1995.

Right: During Prime Minister Chrétien's address at the swearing in ceremony of Governor General Romeo Leblanc, the picture frame is filled to overflowing with Canadian symbolism and solemnity, inherent in such an event. Though the participants are static (one can see former Prime Ministers Trudeau and Campbell in the second row on the left), the composition, nevertheless, vibrates with the contained energy of committed Canadians whose lives have been dedicated to making the nation the best place in the world to live. February, 1995.

Alors que le groupe des chefs du G8, ici en réunion à Halifax, fixe son attention sur la présentation du premier ministre Chrétien, ils n'en restent pas moins très au fait du personnel de sécurité qui, dans l'ombre, les entoure et fait partie du paysage du port de Halifax. (De gauche à droite : le président Chirac, le président Yeltsin, le premier ministre Major, le premier ministre Chrétien, le président Clinton, le chancelier Kohl, le premier ministre Dini, le premier ministre Murayama, le président Santer.) Juin, 1995.

À droite : Pendant le discours du premier ministre Chrétien à l'occasion de la cérémonie au cours de laquelle le gouverneur général Roméo Leblanc prête serment, l'encadrement de l'image déborde du symbolisme canadien et de la solennité inhérente à un tel événement. Si les participants sont statiques (on voit les anciens premiers ministres Trudeau et Campbell au deuxième rang, à gauche), la composition vibre toutefois de l'énergie contenue de Canadiens engagés qui ont dédié leur vie à faire de la nation le meilleur endroit où vivre dans le monde. Février, 1995.

The hospitality of local citizens from Cotonou in Benin, Africa, can hardly be contained when the Prime Minister spoke on the occasion of the inauguration of the Avenue de la Francophonie. December, 1995.

L'acceuil des citoyens locaux de Cotonou au Bénin, en Afrique, ne peu être retenu lorwque le PM inaugura l'avenue de la Francophonie. Décembre, 1995.

The PM, in top hat and tails, greets Don Francis and his family at the War Memorial after Remembrance Day ceremonies. November, 1978.

Le PM, en haut-de-forme et queue-de-pie, accueille Don Francis et sa famille au Monument des Anciens combattants, le Jour du Souvenir. Novembre, 1978.

During the Meech Lake debates, this witness provided the kind of compelling commentary that Canadians had not heard since his departure from public life three years earlier. August, 1987.

Pendant les débats du lac Meech, ce témoin fait ce genre de commentaire éloquent que les Canadiens n'ont pas entendu depuis son départ il y a trois ans. Août, 1987.

An animated address at La Maison Egg Roll in Montreal was on the menu as referendum rhetoric heated up this gathering. October, 1992.

Un discours animé est au menu à la Maison Egg Roll à Montréal, alors que la rhétorique sur le référendum échauffe les esprits. Octobre, 1992.

For the 150,000 Canadians who gathered in Montreal just days before the Quebec referendum, it was an event to remember. This image still resonates because the Canadian identity is still growing, accommodating the richness of its joint heritage and using the strength of its diversity to face the global challenges the coming millennium will present. October, 1995.

Pour les 150 000 canadiens qui se sont réunis à Montréal quelques jours avant le referendum de Québec, ce jour est inoubliable. Cette image est toujours présente puisque l'identité canadienne est en croissance, s'accommodant à la richesse de son héritage et se servant de ses forces et de sa diversité pour faire face aux défis globaux que représente le nouveau millénaire. Octobre, 1995.

At a Terry Fox Memorial, dignitaries gathered to remember a Canadian whose legacy would be hope and healing for many. July, 1981.

Lors d'une messe à la mémoire de Terry Fox, les dignitaires se rassemblent pour se souvenir d'un Canadien qui aura légué à plusieurs un message d'espoir et de guérison. Juillet, 1981.

Words can't express the heartfelt sentiments evident in this image as the PM consoles grieving Dena, daughter of the late Shaughnessy Cohen, MP. Dr. Jerome Cohen (her husband), and B. Robitaille, family friend on left. December, 1998.

Les mots ne peuvent pas exprimer les sentiments du cœur qu'éprouve le PM dans cette photo, où il console Dena, accablée de chagrin, fille de feue la députée Shaughnessy Cohen. Dr Jérome Cohen (son mari) et B. Robitaille, ami de la famille, à gauche. Décembre, 1998.

The boots in this composition stand alone and give silent testimony to the grief felt here in Kangiqsualujjuaq, Quebec, where nine people were killed by an avalanche that tore through the walls of this community centre in the riding of MP Guy St. Julien (on left in foreground). January, 1999.

L'image de ces bottes, seules au milieu de la tragédie, témoigne du chagrin ressenti ici à Kangiqsualujjuaq, au Québec, où neuf personnes ont trouvé la mort dans une avalanche, qui a éventré le mur de ce centre communautaire dans le comté du député Guy St-Julien (sur la gauche au premier plan). Janvier, 1999.

A grey mist hangs over the Tomb of the Unknown Soldier as the PM lays a wreath in Kiev. Ukraine, January, 1999.

Un brouillard gris s'est installé sur la tombe du Soldat inconnu alors que le PM y dépose une gerbe, à Kiev. Ukraine, Janvier, 1999.

Few words are spoken as the Prime Minister and Mrs. Chrétien walk the soil of Auschwitz. Only the cry of "I am alive!" from survivor Mordechai Ronen, being consoled by his son Moshe, breaks the solemn surroundings. January, 1999.

Peu de mots sont échangés pendant que le premier ministre et Mme Chrétien parcourent le site d'Auschwitz. Seul le cri « Je suis vivant ! » du survivant Mordechai Ronen, consolé par son fils Moshe, rompt l'atmosphère solennelle. Janvier, 1999.

Stunned silence is sometimes the only reaction one has to the ovens of Auschwitz. During an official visit to Poland, Prime Minister and Mrs. Chrétien walk through the camp. January, 1999.

Un silence accablant est quelquefois la seule réaction que l'on éprouve devant les fours d'Auschwitz. Pendant une visite officielle en Pologne, le premier ministre et Mme Chrétien parcourent le camp. Janvier, 1999.

The Prime Minister had lunch with the First Battalion of the Royal Canadian Regiment in Bosnia's Camp Maple Leaf. May, 1998.

Le premier ministre déjeune avec le premier bataillon du Régiment royal canadien au camp Maple Leaf en Bosnie. Mai, 1998.

Right: Behind the scenes, a military official describes the flood damage in Winnipeg to MP David Iftody (second from left), Prime Minister Chrétien, Premier Devine and the Honourable Lloyd Axworthy. April, 1997.

À droite : Dans les coulisses, un fonctionnaire militaire décrit les dégâts des eaux à Winnipeg au député David Iftody (deuxième à partir de la gauche), au premier ministre Chrétien, au premier ministre Devine, et à l'honorable Lloyd Axworthy. Avril, 1997.

Departing Croatian skies after a U.N. peacekeeping mission, the Royal 22nd Regiment and the Cinquieme Bataillon from CFB Valcartier are welcomed back home by the PM in Quebec City. September, 1995.

Parachutés dans le ciel croate après une mission de paix des Nations Unies, le 22e Régiment royal et le Cinquième bataillon de BFC Valcartier sont accueillis de retour chez eux par le PM au Québec. Septembre, 1995.

Follow the leader. Walking to Parliament from the Liberal International Convention at the Chateau Laurier, October, 1979.

Suivez le chef. Marchant vers le Parlement à partir du Congrès international libéral qui se tient au Château Laurier. Octobre, 1979.

This ceremonial walk of the Leader and his party from the House of Commons to the Senate for the Speech from the Throne marks a new parliamentary session. This image also displays the impressive architectural craftsmanship in the Rotunda. April, 1989.

Cette marche cérémoniale du chef et de son parti de la Chambre des communes vers le Sénat pour le Discours du Trône, marque une nouvelle session parlementaire. Cette image montre également l'architecture impressionnante de la Rotonde. Avril, 1989.

The Albert Einstein Peace Prize, awarded in Washington, eventually followed a world tour peace initiative aimed at defusing growing East-West nuclear arms tensions. November, 1984.

Le prix de la Paix Albert Einstein, remis à Washington, a finalement été suivi d'un tour du monde de la paix dans le but de désamorcer les tensions grandissantes entre l'Est et l'Ouest pour l'armement nucléaire. Novembre, 1984.

Below: After receiving the Peace Prize, the former PM addressed a group that included Canadian actors Margot Kidder and Donald Sutherland. Washington, November, 1984.

En bas : Après avoir reçu le prix de la Paix, l'ancien PM s'adresse à un groupe qui comprend les acteurs canadiens Margot Kidder et Donald Sutherland. Washington, Novembre, 1984.

Few issues were as potentially dangerous to federalism as Québec's election of a separatist government. At this Liberal Party Convention, the Prime Minister's passion for a united Canada was in the air. 1978.

Certains problèmes sont aussi menaçants pour le fédéralisme que l'élection d'un gouvernement séparatiste au Québec. La passion du premier ministre pour un Canada unifié se révèle lors de ce congrés du Parti libéral. 1978.

For his 75th birthday, some old friends gathered for this photograph. October, 1994.

Pour son 75e anniversaire, quelques vieux amis prennent la pose pour la photographie. Octobre, 1994.

The dining room of 24 Sussex has, no doubt, been the location for the private birthday celebrations of Canadian prime ministers for decades. Here, the room welcomes the return of a former resident and prime minister, Pierre Elliot Trudeau, on the occasion of his 80th birthday.

Des amis et des anciens collègues se sont réunis pour célébrer le 80e anniversaire du premier ministre Trudeau, dans un environnement familier, au 24 Sussex. Octobre, 1999.

Capturing a sense of place is an essential element in prime ministerial photography, whether it be the national stage in the House of Commons, or here, the international stage in the solemn quarters of the United Nations. Prime Minister Chrétien addresses world governments. October, 1995.

Rendre un sens précis de l'emplacement est un élément essentiel dans la photographie de premier ministre, soit sur la scène nationale à la Chambre de communes, soit, ici, sur la scène internationale dans les quartiers solennels des Nations Unies. Le premier ministre Chrétien s'adresse aux gouvernements des États. Octobre, 1995.

During his years in Parliament, the former PM never did get much of an opportunity to sit in the Visitors Gallery. The taping of this television documentary provided that different perspective on House activities down below. August, 1992.

Durant ses années au Parlement, l'ancien PM n'a jamais vraiment eu l'occasion de s'asseoir dans la tribune du public. L'enregistrement de ce documentaire pour la télévision propose cette perspective plongeante sur les activités de la Chambre. Août, 1992.

In this rare photograph, five prime ministers gathered at the National Archives for an event. Kim Campbell is facing away from the camera. 1994.

Sur cette photographie unique, cinq premiers ministres sont rassemblés aux Archives nationales à l'occasion d'un événement. Kim Campbell tourne la tête à l'objectif. 1994.

The PM wished season's greetings to his staff following a group photo in the Langevin Block. December, 1995.

Le PM souhaita un joyeux Noël à son personnel suite à une séance photographique dans le foyer de l'édifice Langevin. Décembre, 1995

Canadians hear of Parliament being dissolved when a normal government mandate is about to run out; however, few have ever seen the formal act of the dissolution by the Governor General, authorizing the request of the Prime Minister. Here the clerk of the Privy Council, Jocelyne Bourgon, and senior government official Michel Garneau witness the event in the Governor General's Romeo Leblanc's office. April, 1997.

Les Canadiens entendent parler de la dissolution du Parlement ; cependant, peu d'entre eux ont vu l'acte formel de dissolution par le gouverneur général, accédant à la demande du premier ministre. Ici, la greffière du conseil privé Jocelyne Bourgon et le haut fonctionnaire du gouvernement Michel Garneau assistent à l'événement dans le cabinet du gouverneur général Roméo Leblanc. Avril, 1997.

Right: The vertical lines of this composition reflect a leader and a party that were on their way up in the polls and in the minds of voters when the campaign was launched. September, 1993.

À droite : Les lignes verticales de cette composition symbolisent un chef et son parti en hausse dans les scrutins lorsque la campagne électorale est lancée. Septembre, 1993.

Don Jamieson kept Trudeau, Turner and Chrétien in stitches during his remarks on the occasion of former cabinet minister Jack Pickersgill's 80th birthday, celebrated at the Chateau Laurier. The occasion would prompt one Prime Minister to state that, "there were good times, too." June, 1985.

Trudeau, Turner et Chrétien éclatent de rire alors que Don Jamieson raconte quelques anecdotes à l'occasion du 80e anniversaire de l'ancien ministre de cabinet Jack Pickersgill, célébré au Château Laurier. L'un des premiers ministres prendra cette occasion pour dire qu'« il y a eu aussi des bons moments ». Juin 1985.

Speaking to these Hopewell School students in the halls of Parliament is one way to impart a sense of history to young minds, as proud PMO staffer Isabelle Metcalfe and her daughter listen in. November, 1982.

S'adresser à ces étudiants de l'école Hopewell dans les couloirs du Parlement constitue une bonne occasion d'inculquer un sens de l'histoire à ces jeunes esprits, comme le montrent Isabelle Metcalfe, fière membre du CPM, et sa fille, tout ouïe. Novembre, 1982.

Below: Jean-Robert Gauthier, Lloyd Francis and the PM meet future voters from Ottawa ridings. February, 1978.

Ci-dessous : Les députés Jean-Robert Gauthier et Lloyd Francis accompagnés du PM rencontrent de futurs électeurs des comtés d'Ottawa. Février, 1978.

Far right, top: School boys, including the Leader's son, gathered in the Leader of the Opposition's boardroom for a lesson in politics from one of its veteran practitioners. November, 1984.

À l'extrême droite, en haut : Un groupe d'écoliers, comprenant le fils du chef, est rassemblé dans la classe du chef de l'opposition pour une leçon de politique donnée par l'un des vétérans de la politique. Novembre, 1984.

Far right, bottom: One of the benefits of going to school in the Prime Minister's own riding of Saint-Maurice is having the occasional guest lecturer drop in to give a first-hand account of Canadian history. April, 1996.

En bas, à droite : L'un des avantages à aller à l'école dans le comté du premier ministre à Saint-Maurice consiste à voir un conférencier occasionnel donner un compte rendu personnel sur l'histoire du Canada. Avril, 1996.

Behind the scenes in a meeting room, the Leader of the Opposition explains political concepts to a group of Montreal college students. October, 1979.

Le chef de l'opposition explique des concepts politiques à un groupe d'étudiants de Montréal dans la salle du Comité des chemins de fer. Octobre, 1979.

To a packed auditorium of students at the University of Ottawa, the Leader stated, "We need the best and brightest of your generation." March, 1985.

Quelques mots du chef à un auditoire bondé d'étudiants de l'Université d'Ottawa : « Nous avons besoin des plus brillants de votre génération ». Mars, 1985.

Capturing the intensity of debate on the floor of the House of Commons, and the characteristic gestures of the Prime Minister, helps to shape our understanding of how the democratic political process is uniquely embodied in each government leader. Here, the war in Kosovo is of national concern. April, 1999.

L'intensité d'un débat dans la Chambre des communes et les gestes caractéristiques du premier ministre nous aident à comprendre la façon dont le processus politique démocratique est spécifiquement personnifié par chaque chef gouvernemental. Ici, la guerre au Kosovo intéresse la nation. Avril, 1999.

During his temporary retirement from politics, Mr. Chrétien talks to his future parliamentary secretary, Ray Pagtakhan, in a rare photo taken at his Lang Mitchener law firm office. May, 1990.

Pendant son retrait temporaire de la politique, M. Chrétien parle avec son futur secrétaire parlementaire, Ray Pagtakhan, dans une rare photo prise dans son cabinet d'avocat, Lang Mitchener. Mai, 1990.

Right: In the law office at Heenan, Blaikie in Montreal, the former PM strikes a relaxed pose. November, 1991.

À droite : L'ancien PM se permet une petite détente dans le cabinet juridique à Heenan, Blaikie à Montréal. Novembre, 1991.

Surrounded by his caucus members and the portraits of previous Liberal leaders, John Turner sets the tone for discussion in this closed-door session. March, 1985.

Entouré des membres de son groupe parlementaire et des portraits des chefs libéraux précédents, John Turner donne le ton de la discussion dans cette session à huis clos. Mars, 1985.

Liberal prime ministers have used different rooms on Parliament Hill over the years to meet in private with their elected members and appointed senators in the National Caucus. Here, in the Reading Room, the artistic decor surrounds caucus members with tradition and Canadian heritage, as new decisions are made that will shape the Canadian identity. National Liberal Caucus Weekly Meeting, October, 1995.

Pendant des années, les premiers ministres libéraux ont utilisé diverses salles sur la Colline du Parlement pour se réunir en privé avec leurs membres élus et les sénateurs nommés dans le groupe parlementaire national. Ici, dans la salle de lecture, le décor artistique encadre les membres de tradition et d'héritage canadiens. Octobre, 1995.

The proceedings of the Cabinet are privileged. In these rooms, behind closed doors, ministers struggle to accommodate each other's interests. Next to the House of Commons, these cabinet rooms are the central hubs of Canadian government decision-making. Cabinet Meeting at Lester Pearson Building. February, 1996.

Les réunions du cabinet sont privilégiées. Dans ces salles, à l'abri des indiscrets, les ministres s'efforcent d'accommoder leurs intérêts à ceux des autres. Avec la Chambre des communes, les pièces du cabinet sont le centre des prises de décision du gouvernement canadien. Rencontre de cabinet à l'édifice Lester Pearson. Février, 1996.

Cabinet Room, Centre Block, Parliament Hill. August, 1999.

Réunion du Cabinet, Edifice du centre, Colline du parlement. Août, 1999.

At this Liberal convention the freezing of one moment captures a leadership quality that Canadians have consistently rated highly. October, 1996.

Lors de ce congrès du Parti libéral, ce moment immortalise une qualité de dirigeant que les Canadiens ont toujours appréciée. Octobre, 1996.

The passion about Canada that marked much of his political life is evident here as Pierre Trudeau addresses party supporters gathered for a fundraising dinner that some called the "last supper," at the Royal York Hotel. December, 1983.

Sa passion pour le Canada qui a marqué la plus grande partie de sa vie politique, se révèle ici alors qu'il s'adresse à des supporters du parti réunis à l'occasion d'un diner bénéfice représentée par ce « dernier repas, » à l'hôtel Royal York. Décembre, 1983.

This classic composition outside the House of Commons represents the evolution of the Prime Minister's working relationship with Joyce Fairbairn which grew from that of a PMO legislative assistant to senator. August, 1992.

Cette composition classique en dehors de la Chambre des communes représente l'évolution de ses relations de travail avec Joyce Fairbairn, qui passèrent de la position d'assistant législatif du CPM à celle de sénateur. Août, 1992.

Newfoundland MP Brian Tobin proudly meets in his leader's office for this tête-à-tête in his riding. July, 1980.

Brian Tobin, député de Terre-Neuve, est fier de rencontrer son chef dans son cabinet pour un tête-à-tête. Juillet, 1980.

This photograph of two prominent Quebec and Ontario Liberals was taken two years prior to Royce Frith's appointment to the Senate. 1977.

Cette photographie de deux figures éminentes du Parti libéral du Québec et de l'Ontario a été prise deux ans avant la nomination au Sénat de Royce Frith. 1977.

Before becoming a Member of Parliament, Don Boudria, as Liberal Party regional director of the Glengarry, Prescott-Russell riding association, congratulated the PM on having been made their first honourary member. September, 1978.

Avant de devenir député, Don Boudria, en tant que directeur régional du Parti libéral de Glengarry, association de comté Prescott-Russell, félicite le PM pour avoir été nommé leur premier membre d'honneur. Septembre, 1978.

These stairs are a stage for prime ministers. A national audience is guaranteed but there is little room for a poor performance. February, 1984.

Ces marches constituent une scène pour les premiers ministres. L'audience est assurée, mais la performance doit être sans faute. Février, 1984.

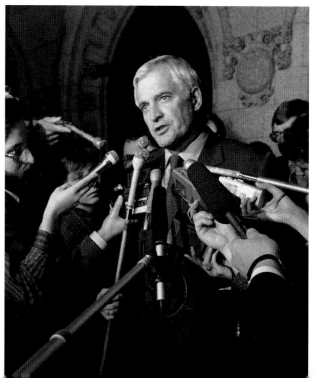

Microphones and media — both are wedded to political leaders and contribute to their ascent or descent.

Les microphones et les médias sont intimement liés aux chefs politiques et contribuent à leur ascension ou à leur déclin.

This staircase, which leads from the House of Commons to the PM's Office, symbolically represents the access that the official photographer has to events behind the scenes. Some former prime ministers have used this location to address the press, but the present leader rarely does. March, 1997.

Cet escalier qui va de la Chambre des communes au cabinet du PM représente symboliquement l'accès réservé au photographe officiel aux événements qui se jouent derrière la scène. Quelques anciens premiers ministres ont profité de ce lieu pour s'adresser à la presse, mais le chef actuel le fait rarement. Mars, 1997.

In a press scrum or a press scrap, the PM's sound bites could have teeth. March, 1980.

Lors d'une conférence de presse – ou d'une mêlée de presse –, les mots du PM pourraient en blesser plus d'un. Mars, 1980.

During these years, national reporters such as Peter Mansbridge, David Halton and David Vienneau would hear a lot from this Minister of Justice on the Charter of Rights and the Constitution. December, 1981.

Pendant des années, des reporters nationaux tels que Peter Mansbridge, David Halton et David Vienneau entendront beaucoup ce ministre de la Justice s'exprimer au sujet de la Charte des Droits et de la Constitution. Décembre, 1981.

Back at it: From lawyer to leader, here in Calgary. His first press scrum would be followed by many more as he moved toward his prime ministerial goal. June, 1990.

À nouveau, d'avocat à chef, ici à Calgary. Sa première bousculade au milieu de la presse augure de nombreuses autres qui jalonneront sa route vers le poste de premier ministre. Juin, 1990.

Privileged access is typified in this image taken from outside the PM's third-floor office during a press briefing in the House of Commons foyer.

L'accès privilégié est illustré dans cette image prise de l'extérieur du cabinet du PM au troisième étage lors d'une conférence de presse dans le foyer de la Chambre des communes.

Nothing candid about these cameras. At least one on left is focused on Premier Tobin with reporters. During this visit to the Grand Palace in Bankok, Thailand, the media has the PM covered. Top left Gaston Robitaille (CBC/SCR), Tom Hanson (CP) top, Phil Nolan (Global) (extreme right). January, 1997.

Il n'y a rien de spontané avec les appareils photos. L'un d'eux fait au moins le point sur le premier ministre Tobin en compagnie de reporters. Pendant cette visite au Grand palais à Bangkok, en Thaïlande, les médias assurent la couverture du PM. En haut à gauche : Gaston Robitaille (CBC/SRC), Tom Hanson (CP/PC) en haut, Phil Nolan (Global) à l'extrême droite. Janvier, 1997.

The back lawn of 24 Sussex was chosen as the location for this interview with journalist Mike Duffy. The relaxing outdoor garden setting depicted here did not necessarily stop the veteran reporter from pruning away any excess foliage in order to get a better look at what kind of political seeds the Prime Minister was intending to plant. October, 1997.

La pelouse derrière le 24 Sussex est le lieu choisi pour cette entrevue avec le journaliste Mike Duffy. Ce cadre n'a pas empêché le reporter expérimenté de tailler les feuilles superflues afin de mieux observer toutes les graines politiques que le premier ministre a l'intention de semer. Octobre, 1997.

Conducted by Lloyd Robertson and Craig Oliver, CTV's year-end interview with Prime Minister and Mrs. Chrétien looks a little different when seen through the lens of this camera. High ratings in the polls helped to make it an especially Merry Christmas. December, 1997.

L'entrevue de fin d'année de CTV avec le premier ministre et Mme Chrétien menée par Lloyd Robertson et Craig Oliver, paraît un peu différente à travers l'objectif de cet appareil photo. Des indices élevés lors des scrutins ont contribué à donner à cette la fête de Noël un caractère très spécial. Décembre, 1997.

Maintaining objectivity is the goal, as reporters Mike Duffy and Bob Fyfe share a laugh with birthday boy Michael Langil (centre) and his boss. Hugh Riopelle is on the far left.

Le but est de respecter l'objectivité, alors que les reporters Mike Duffy et Bob Fyfe rient avec Michael Langil (au centre), lors de son anniversaire, et son supérieur. Hugh Riopelle se trouve à l'extrême gauche.

The PM was invited to join the press for a refreshment shortly after arriving in Rio de Janeiro, Brazil. CTV's Holly Doan and Reuters photographer Peter Jones (with arm around the Prime Minister) lead an amusing variation of the "media scrum." January, 1995.

Le PM a été invité à prendre un rafraîchissement avec la presse peu après son arrivée à Rio de Janeiro, au Brésil. Holly Doan de CTV et le photographe Peter Jones de Reuters (avec son bras autour du premier ministre) jouent une variation amusante de la « mêlée de presse ». Janvier, 1995.

You win some, you spin some. Humour, without deadlines, is the order of the day during the formerly off-the-record annual Press Gallery Dinner. 1998.

Une blague en chasse une autre. L'humour sans limite est à l'ordre du jour pendant ce dîner annuel de la Tribune de la presse autrefois sans caractère officiel. 1998.

At this summer caucus meeting, a casually attired PM is joined by two suited colleagues, Herb Breau and Jean Chrétien. Summer, 1977.

Lors de cette réunion d'été du groupe parlementaire, c'est un PM habillé ordinairement qui est rejoint par deux collègues en costume, Herb Breau et Jean Chrétien. Été 1977.

Left: John Turner asks one of his chief Quebec colleagues, Raymond Garneau, a typical "Qu'est-ce que tu penses, Raymond?" prior to this national caucus meeting. A question Lester Pearson may have asked his Quebec colleagues a generation earlier. September, 1986.

À gauche : John Turner demande à Raymond Garneau, chef MP du Québec : « Qu'est-ce que tu penses, Raymond ? », avant la réunion du caucus national ; une question que Lester Pearson a pu poser à ses collègues, une génération plus tôt. Septembre, 1986.

A bearded Leader of the Opposition meets with his shadow cabinet, little knowing that history would bring him back to power months later. Lloyd Axworthy on left with Robert Kaplan and Yvon Pinard. Summer, 1979.

Un chef de l'opposition barbu en réunion avec son cabinet simulé, ne sachant pas que l'histoire le ramènerait au pouvoir quelques mois plus tard. Lloyd Axworthy sur la gauche avec Robert Kaplan et Yvon Pinard. Été 1979.

Outside his office, the newly elected leader is briefed by Rémi Bujold, moments before a ceremonial walk from the PM's office to address an anxiously awaiting caucus. June, 1984.

Hors de son cabinet, Rémi Bujold donne les dernières instructions au chef nouvellement élu, quelques instants avant la marche cérémoniale du cabinet du PM, pour délivrer un discours à son caucus qui attend anxieusement. Juin, 1984.

A friendship that shaped federalism. Here, the "Three Wise Men" who came to Ottawa in 1965 as a team, share a relaxing moment in Montreal. Pierre Trudeau, Gèrard Pelletier, Jean Marchand. September, 1986.

Une amitié qui a construit le fédéralisme. Ici, « les Trois colombes » qui sont arrivées à Ottawa en 1965, constituées en équipe, partagent un moment décontracté à Montréal. Pierre Trudeau, Gérard Pelletier, Jean Marchand. Septembre, 1986.

John Turner at the convention with George MacIlraith on left, Paul Martin, Sr., and Jack Pickersgill. November, 1985.

John Turner à un congrès du Parti libéral en compagnie de George MacIlraith sur la gauche, Paul Martin Sr et Jack Pickersgill. Novembre, 1985.

On-board consultations with senior policy advisor Eddie Goldenberg and Chief of Staff Jean Pelletier. October, 1993.

Des consultations avec le conseiller politique Eddie Goldenberg et le directeur de cabinet Jean Pelletier. Octobre, 1993.

John Turner, with campaign director Bill Lee, met several party members in the office of Gib Parent to discuss his leadership plans prior to the convention. May, 1984.

John Turner, en compagnie du directeur de campagne Bill Lee, rencontre plusieurs membres du parti dans le cabinet de Gib Parent pour discuter de ses plans de direction, avant le congrès. Mai, 1984.

The Quèbec caucus met in the Parliamentary Restaurant to discuss election strategy. 1978.

Le caucus du Québec se réunit dans le restaurant du Parlement pour discuter d'une stratégie d'élection. 1978.

The tradition of welcoming by-election victors is enacted here as Maurizio Bevelacqua is escorted to his seat by John Turner and Herb Gray. April, 1989.

Cette photographie représente la tradition d'accueillir les vainqueurs d'élections partielles, alors que Maurizio Bevelacqua est escorté à son siège par John Turner et Herb Gray. Avril, 1989.

Few have viewed the Opposition Leader's Office (OLO), located one floor above the PMO. Prime Minister Joe Clark continued to use this office while in power. May, 1991.

Peu de personnes ont vu le grand cabinet du chef de l'opposition (CCO), qui se trouve un étage au-dessus du CPM. Le premier ministre Joe Clark continuait d'utiliser son cabinet « d'opposition » alors qu'il était au pouvoir. Mai, 1991.

The Leader of the Opposition is quoted asking, "Well, how did the story get out?" October, 1986.

Le chef de l'opposition est cité alors qu'il demande : « Comment cette histoire s'est-elle répandue ? » Octobre, 1986.

At the first anniversary of their election victory, clowning around with Gilbert Parent and Allan MacEachen was on the agenda at this particular weekly meeting. Eighteen cents off became a joyous moment.

Lors du premier anniversaire de leur victoire électorale, faire des pitreries avec Gilbert Parent et Allan MacEachen est à l'ordre du jour de cette réunion hebdomadaire particulière. Le rabais de 18 cents est devenu un joyeux souvenir. Février, 1981.

A closed-door meeting with Senator Croll on far left, Ted Leblanc, John Turner and Senator Keith Davey. Loosen the tie and don't look back. National Caucus Meeting. October, 1984.

Une réunion à huis clos avec le sénateur Croll sur l'extrême gauche, Ted Leblanc, John Turner et le sénateur Keith Davey. Desserre la cravate et ne regarde pas en arrière. Réunion du caucus national. Octobre, 1984.

Left: Sparking a round of laughter at this Christmas party, the Leader of the Opposition received a gift of earphones disguised as ear muffs from his Liberal colleagues. December, 1987.

À gauche : Éclatant de rire lors de cette fête de Noël, le chef de l'opposition reçoit en cadeau de ses collègues libéraux une paire d'écouteurs camouflés en cache-oreilles. Décembre, 1987.

Here, John Turner discusses a point with Jacques Guilbault during a caucus reception for some members and their spouses. November, 1985.

Ici, John Turner discute d'un détail avec Jacques Guilbault lors d'une réception de groupe pour quelques membres accompagnés de leurs épouses. Novembre, 1985.

Left: Several yards is the usual distance both leaders communicated from in the House of Commons, but here only inches separate the two during a brief meeting outside the Parliamentary Restaurant, prior to the annual Press Gallery Dinner. April, 1986.

À gauche : La distance normale qui sépare les deux chefs dans la Chambre des communes est de plusieurs mètres. Mais ici, seuls quelques centimètres les séparent lors d'une brève réunion à l'extérieur du restaurant du Parlement, juste avant le dîner annuel de la Tribune de la presse. Avril, 1986.

In this office, much of the detailed "behind the scenes" work of running a Leader's office was carried out in the office of his executive assistant, Stuart Langford. March, 1986.

La plupart du travail « dans les coulisses » que caractérise la charge de gérer le cabinet du chef, est réalisé dans le bureau de son assistant exécutif, Stuart Langford. Mars, 1986.

The Executive Assistant to the Prime Minister, Bruce Hartley, is responsible for keeping him on time, amongst other duties. One of Prime Minister Chrétien's mottos is that punctuality is the politics of princes. Prime Minister's Office. October, 1996.

Entre autres responsabilités, l'assistant exécutif du premier ministre, Bruce Hartley, est responsable du respect des horaires. L'une des devises du premier ministre Chrétien stipule que la ponctualité est la politique des princes. Cabinet du premier ministre. Octobre, 1996.

Left: Six miles up, the leader found a brief period of quiet on the campaign jet. Here, aide Jean Carle discusses campaign details. October, 1993.

À gauche : Six miles dans les airs, à l'intérieur de son jet, le chef profite d'une courte période de calme. Ici, l'assistant Jean Carle discute des détails de la campagne. Octobre, 1993.

At this caucus meeting, hands clap but hearts are heavy. Here John Turner announces his decision to step down as Leader. May, 1989.

Lors de cette réunion du caucus, les mains applaudissent mais les cœurs sont lourds. Ici John Turner annonce sa décision de se retirer de ses fonctions. Mai, 1989.

This farewell wave at the Calgary Leadership Convention marked the end of a six-year term. In later years, John Turner would comment that "it was an honour to serve." June, 1990.

Ce geste d'adieu au congrès d'investiture de Calgary marque la fin d'un mandat de six ans. Plus tard, il dira : « C'était un honneur de remplir mes fonctions ». Juin, 1990.

Below: At this Liberal Convention in Winnipeg, John Turner says farewell to his party. 1990.

Ci-dessous : Lors de ce congrès du Parti libéral à Winnipeg, John Turner fait ses adieux à son parti. Juillet, 1990.

The Prime Minister's Office is not only for serious "grown-up" meetings, but sometimes becomes a one-of-a-kind playground for young imaginations from MP Mac Harb's riding to explore the world from Prime Minister Chrétien's point of view. March, 1999.

Le cabinet du premier ministre n'est pas uniquement réservé à des réunions sérieuses de « grandes personnes », mais devient parfois une cour de récréation unique où l'imagination des jeunes du comté du député Mac Harb, analyse le monde du point de vue du premier ministre Chrétien. Mars, 1999.

Between meetings, last-minute briefing notes help a hectic schedule run smoothly.

Entre les réunions, les directives de dernière minute permettent d'exécuter le programme sans heurts.

Few Canadians have seen this government lobby, located immediately behind the curtains of the House of Commons. Fewer still have ever seen their Prime Minister climb a desk in this room — in this case to report on recent health agreements with the provincial premiers. February, 1999.

Dans l'antichambre du gouvernement, situé derrière les rideaux de la Chambre des communes, le PM grimpe sur un bureau pour rendre compte des accords de santé récents pris avec les premiers ministres provinciaux. Février, 1999.

Young Liberals like Jean Carle, shown here second from left, grow up to become "older" Liberals and in his case, Director of Operations to Prime Minister Chrétien. Richard Mahoney, presently Liberal Party pundit and lawyer, is seated to the right of John Turner. March, 1985.

Les jeunes libéraux, comme Jean Carle, deuxième à partir de la gauche, grandissent et deviennent « plus vieux », dans son cas directeur des opérations du premier ministre Chrétien. Richard Mahoney, actuellement pontife du Parti libéral, et avocat, est assis à la droite de John Turner. Mars, 1985.

Peter Stollery served as chairman of the National Liberal Caucus in the late 1970s and was appointed to the Senate in 1981. Harrington Lake. September, 1983.

Peter Stollery a rempli les fonctions de président du caucus libéral vers la fin des années soixante-dix. Puis il a été nommé au Sénat en 1981. Lac Mousseau (Harrington). Septembre, 1983.

Below: This famous doorway leading into Room 200, West Block, momentarily frames Prime Minister Chrétien in consultation with caucus Chairman, Joe Fontana, during a summer strategy meeting. August, 1996.

Ci-dessous : Cette porte célèbre qui mène à la Salle 200, Édifice de l'Ouest, encadre momentanément le premier ministre Chrétien, en consultation avec le président du caucus, Joe Fontana, pendant une réunion de stratégie en été. Août, 1996.

Far right: The Honourable Ralph Goodale, bathed in window light and momentarily secluded with the Prime Minister, during a summer caucus meeting in the West Block, could be imagined here as pleading his constituency's case, as every member is elected to do. August, 1996.

À l'extrême droite : On pourrait imaginer l'honorable Ralph Goodale, baigné dans la lumière de la fenêtre et momentanément enfermé avec le premier ministre pendant une réunion d'été du caucus libéral dans l'édifice de l'Ouest, en train de plaider la cause de sa circonscription; telle est la responsabilité de chaque membre élu. Août, 1996.

The Opposition Leader's office, in the glow of the afternoon sun, high-lights the textures of the room and the partially silhouetted figures of the Leader and MP Stan Keyes in private conference. May, 1989.

Le cabinet du chef de l'opposition, dans la lumière d'une après-midi ensoleillée, met en évidence la texture de la pièce et les silhouettes à peine esquissées du chef et du député Stan Keyes en conférence privée. Mai, 1989.

The sunroom doorway of 24 Sussex greets many guests of the Prime Minister regularly, but the play of sunlight and shadow, and the matching stride of Prime Minister Chrétien with the Honourable Sergio Marchi, created an atmosphere that seemed to facilitate their private discussions. February, 1999.

La porte du solarium du 24 Sussex accueille plusieurs d'invités du premier ministre de temps en temps. Mais le jeu d'ombre et de lumière ainsi que la marche synchronisée du premier ministre Chrétien et de l'honorable Sergio Marchi créent une atmosphère qui semble faciliter leurs discussions privées. Février, 1999.

The short summer of 1984 provided the occasion for the PM to greet women candidates on the lawn of 24 Sussex. August, 1984.

Le court été de 1984 a fourni au PM une occasion d'accueillir des femmes candidates sur la pelouse du 24 Sussex. Août, 1984.

Turner advisor Gabor Apor is seen here directing the photo shoot for a new "team" poster. April, 1987.

Le conseiller de Turner, Gabor Apor, dirige ici la séance de photo pour un nouveau poster de « l'équipe ». Avril, 1987.

Arriving in Ottawa with a majority victory, the Prime Minister is greeted by campaign workers. Here he shakes hands with John Rae, while the Honourable Mitchell Sharp looks on. June, 1997.

Arrivé à Ottawa après une victoire majoritaire, le premier ministre est accueilli par son état major. Ici, il sert la main de John Rae sous le regard de l'honorable Mitchell Sharp. Juin, 1997.

With less than one week left in the campaign, the veteran campaigner is shown giving an optimistic "thumbs up" as he leaves Toronto heading to the Shawinigan area. October, 1993.

Il reste moins d'une semaine pour achever la campagne électorale, et le candidat du parti se montre optimiste alors qu'il quitte Toronto pour la région de Shawinigan. Octobre, 1993.

Campaign advertising ideas are proposed, tested, approved, then produced with the collective expertise of political and communication advisors. May, 1997.

Des idées de campagnes publicitaires sont proposées, mises à l'épreuve et approuvées, elles sont ensuite produites avec l'avis collectif et compétent des conseillers de communication et de politique. Mai, 1997.

What appears as polished and natural on television is, in reality, as every leader knows, the finished result of a highly refined production process. One can see the plywood boards under the Prime Minister's feet which raise his eye level slightly to match that of the camera lens. March, 1997.

Ce qui semble brillant et naturel à la télévision est en réalité, comme le sait chaque leader, le produit fini d'un processus de production bien affiné. On remarque des planches de contreplaqué sous les pieds du ministre, pour rehausser subtilement le niveau de ses yeux niveau de l'objectif de la caméra. Mars, 1997.

Televised election debates for political party leaders may take only 90 minutes on live TV, but actually take hours of planning and rehearsing in a simulated environment. Arguments are rehearsed, gestures choreographed, emotions controlled and speech patterns modified, all to suit the formidable demands of the medium itself and the viewers' sensibilities. (Left to right: Mike Robinson, Peter Donolo, Penny Collenette, Chris Baker, Serge Joyal, Patrick Parisot, Eddie Goldenberg.) March, 1997.

Si les débats électoraux télévisés des chefs de partis politiques ne durent que 90 minutes en direct, en réalité ils nécessitent des heures de préparation et de répétition dans un environnement simulé. Les arguments sont répétés, les gestes chorégraphiés, les émotions contrôlées et les schémas de discours modifiés, tout cela pour répondre aux exigences énormes de ce média et aux sensibilités des téléspectateurs. (De gauche à droite : Mike Robinson, Peter Donolo, Penny Collenette, Chris Baker, Serge Joyal, Patrick Parisot, Eddie Goldenberg.) Mars, 1997.

Members of the election strategy team note every nuance as the seconds tick past. Yves Gou Goux, Mike Robinson, Peter Donolo, and John Rae. May, 1997.

Des membres de l'équipe de stratégie électorale notent chaque variation alors que passent les secondes. Yves Gou Goux, Mike Robinson, Peter Donolo et John Rae. Mai, 1997.

"Make-up room," answers France, the Prime Minister's daughter, moments before a CityTV interview in Toronto. May, 1997.

« Salle de maquillage », répond France, la fille du premier ministre, quelques instants avant une entrevue à CityTV à Toronto. Mai, 1997.

Below: By debate night, party leaders have rehearsed their key messages and style of delivery. From here the coaching stops and the media skills of each leader are tested to their peak. May, 1997.

Ci-dessous : Lors des soirées de débat, les chefs de partis répètent soigneusement leurs messages clés et retravaillent leur style de présentation. À ce moment, les répétitions cessent et le savoir-faire média-tique de chaque leader est mis intensé-ment à l'épreuve. Mai, 1997.

Campaign workers for Christine Stewart, Peter Adams and Alex Shepherd no doubt appreciated the support of their leader during this Ontario campaign blitz. All three candidates were elected or re-elected to the House of Commons. May, 1997.

Des membres de l'état major de Christine Stewart, Peter Adams et Alex Shepherd apprécient sans aucun doute le soutien de leur chef lors de cette campagne éclair en Ontario. Les trois candidats ont été élus ou réélus à la Chambre de communes. Mai, 1997.

With five television monitors operating in their cottage on election night, Prime Minister Chrétien, family members and staff gather round for a riveting evening of Canadian content. The only one not glued to at least one set appears to be Jacqueline, sleeping soundly in her grand-papa's arms. June, 1997.

Avec cinq écrans de télévision qui fonctionnent dans leur chalet la nuit de l'élection, le premier ministre Chrétien, les membres de sa famille et de son personnel se réunissent pour regarder une émission à canadienne. La seule qui ne s'intéresse pas à la télévision est Jacqueline, qui dort profondément dans les bras de son grand-père. Juin, 1997.

In this victory photograph, a 30-year climb to the pinnacle of power is recorded here at 2:00 a.m. October, 1993.

Dans cette photographie montrant la victoire, l'ascension vers le sommet du pouvoir qui durera 30 ans est enregistrée ici à 2 h 00. Octobre, 1993.

Left: With victory in the air on election eve, some campaign strategists start to celebrate. From left: Claudette Levesque, Jacques Bouchard, Peter Donolo, Jean Carle and Dennis Deschambault in foreground. October, 1993.

À gauche : Alors que la victoire est dans l'air la veille de l'élection, quelques stratèges de campagne commencent à faire la fête. À partir de la gauche : Claudette Lévesque, Jacques Bouchard, Peter Donolo, Jean Carle et Dennis Deschambault au premier plan. Octobre, 1993.

This spontaneous sign of affection by the new leader and his wife may have been missed by some of the guests, but seemed a fitting moment to capture in front of a new doorway, and at the beginning of a new era. November, 1994.

Ce signe d'affection spontané du nouveau chef et de sa femme a pu passer inaperçu par quelques-uns des invités, mais il semble symboliser le bon moment qu'il faut saisir devant un nouveau seuil à l'aube d'une ère nouvelle. Novembre, 1994.

On the PM's last day in office, many visitors and staffers gathered along the halls of Centre Block Parliament Hill to bid farewell to their leader. June, 1984.

La dernière journée du PM au cabinet a vu de nombreux visiteurs et personnels se réunir dans les couloirs de l'Édifice du centre de la Colline du Parlement pour exprimer leurs adieux au leader. Juin, 1984.

Early in the morning the PM can be found in his study with newspaper and coffee. December, 1996.

Tôt le matin, le PM s'installe dans son bureau avec le journal et un café. Décembre, 1996.

At night in his office, the PM is often actively working on legislative and international issues. November, 1994.

La nuit dans son cabinet, le PM travaille souvent sur les questions législatives et internationales. Novembre, 1994.

A soon-to-be prime minister watches televised election results at his home near Shawinigan with senior policy advisor Eddie Goldenberg. October, 1993.

Le futur premier ministre regarde les résultats télévisés de l'élection dans sa maison près de Shawinigan, en compagnie de son conseiller politique, Eddie Goldenberg. Octobre, 1993.

Liberal Party Director of Communications Ottmar Stein discusses policy with the PM while the bureau director, David Husband, listens in. November, 1979.

Ottmar Stein, directeur de la communication du Parti libéral, discute de politique avec le PM, alors que David Husband, directeur du bureau des recherches, est tout ouï. Novembre, 1979.

The circular composition in this photograph suggests a federal/provincial unity at 24 Sussex that is occasionally tested once outside. December, 1997.

La composition circulaire dans cette photographie suggère une unité fédérale/provinciale au 24 Sussex qui est parfois mise à l'épreuve une fois à l'extérieur. Décembre, 1997.

At this Montreal event, history records two Quebecers that seem to be momentarily "in sync." May, 1996.

Durant cet événement à Montréal, l'histoire montre deux québécois qui semblent être momentanément « synchro. » Mai, 1996.

Place is important. Here at "Le Sauvageau," a well-known coffee shop in Shawinigan, the Prime Minister can check the pulse of the local community. April, 1996.

Le lieu est important. Ici, à « Le Sauvageau », un café réputé de Shawinigan, le premier ministre peut prendre le pouls de la communauté locale. Avril, 1996.

The Prime Minister and Foreign Affairs Minister Lloyd Axworthy listen to a briefing given by Jim Bartleman (far left) en route to Egypt for a Summit of Peacemakers on Can Force One. March, 1996.

En route vers l'Égypte pour une conférence au sommet des Artisans de la paix sur *Can Force One,* le premier ministre et le ministre des Affaires étrangères, Lloyd Axworthy, écoutent des directives données par Jim Bartleman (à l'extrême gauche). Mars, 1996.

Political photo opportunities can occur as quickly as coffee companions gather. At a national caucus meeting in Collingwood, Ontario, a small contingent of Quebec members circles to discuss strategy. Left to right with the Prime Minister: the Honourable Stephane Dion, the Honourable Martin Cauchon and the Honourable Pierre Pettigrew. January, 1998.

Des occasions de prises de photos politiques peuvent apparaître aussi rapidement qu'un rassemblement d'amis pour un café. À une réunion du groupe parlementaire national à Collingwood, Ontario, un petit groupe de députés du Québec discutent en cercle de leur stratégie. De gauche à droite avec le premier ministre : l'honorable Stéphane Dion, l'honorable Martin Cauchon et l'honorable Pierre Pettigrew. Janvier, 1998.

At a Quebec retreat for the National Caucus, Marc Lalonde and the PM discuss pre-election strategies. 1983.

Marc Lalonde et le PM discutent de stratégies préélectorales lors d'une retraite au Québec pour la réunion du caucus national. 1983.

With the media waiting just outside the door at the National Press Gallery auditorium, senior aides provide a last-minute briefing to the Prime Minister. Few people have ever seen this holding room, but most would agree that the "private" conversations held here are finally fashioned into the "public" statements made in the next room. (Left to right, PMO staff: Patrick Parisot, Peter Donolo, Eddie Goldenberg, with Prime Minister Chrétien.) August, 1998.

Alors que les médias attendent de l'autre côté de la porte dans la salle de la Tribune de la presse, les assistants donnent des directives de dernière minute au premier ministre. Beaucoup admettent que les conversations « privées » tenues dans cette salle d'attente seront finalement transformées en déclarations « publiques » énoncées dans la salle voisine. (De gauche à droite, membre du CPM Patrick Parisot, Peter Donolo, Eddie Goldenberg, avec le premier ministre Chrétien.) Août, 1998.

Members of the media are the focus of attention in this composition taken during the new PM's first Ottawa press conference. October, 1993.

Les membres de la presse sont à leur tour dans l'objectif lors de la première conférence de presse du nouveau PM. Octobre, 1993.

Prime Minister Chrétien and Governor General Romeo Leblanc share their recollections of friend and colleague Gérard Pelletier on their return home from his funeral service in Montreal. June, 1997.

Le premier ministre Chrétien et le gouverneur général Roméo Leblanc échangent des souvenirs de leur ami et collègue Gérard Pelletier au retour de ses funérailles à Montréal. Juin, 1997.

While the Prime Minister receives advice from many sources, he has recognized the advice of long-time mentor and friend the Honourable Mitchell Sharp as "special." The ambiance of this setting in the Prime Minister's Office radiates the warmth of a relationship that has endured many political challenges. November, 1993.

Tandis que le premier ministre reçoit des conseils de sources différentes, il considère celui de son mentor et ami de longue date, l'honorable Mitchell Sharp, comme « spécial ». L'ambiance du cabinet du premier ministre exprime la chaleur d'une relation qui a expérimenté de nombreux défis politiques. Novembre, 1993.

Stephen LeDrew, president of the Liberal Party, meets with the PM. March, 1999.

Stephen LeDrew, président du parti libéral, rencontre le PM. Mars, 1999.

Every day the Prime Minister receives briefings from the Clerk of the Privy Council, Mel Cappe, seated on the right, and Jean Pelletier, Chief of Staff. This meeting is a key link in ensuring the effective functioning of the machinery of government. January, 1999.

Chaque jour le premier ministre reçoit des directives du greffier du Conseil privé, Mel Cappe, assis à droite, et de Jean Pelletier, directeur de cabinet. Cette réunion fournit un lien clé pour assurer le fonctionnement efficace de la machine gouvernementale. Janvier, 1999.

Right: Working shots. Every leader needs them as a window for the public to see their elected representatives address the issues of the day. May, 1991.

À droite : Des prises photographiques au travail. Chaque leader en a besoin pour montrer au public que ses représentants élus s'occupent des questions d'actualité. Mai, 1991.

Overleaf: A moment of solitude as the PM walks back to his official residence. April, 1999.

Au verso : Un moment de solitude tout en marchant vers sa résidence officielle. Avril, 1999.